Inhaltsverzeichnis

4

LANGENSCHEIDT

Basic
German Vocabulary

Workbook

by Jutta Müller and Heiko Bock

LANGENSCHEIDT
BERLIN · MUNICH · VIENNA · ZURICH · NEW YORK

Translation: Vincent Docherty
Illustrations: Reinhold Burkart
Editor: Hans-Heinrich Rohrer

© 1991 Langenscheidt KG, Berlin and Munich

Printed in Germany · ISBN 3-468-49401-7

1 2 3 4 5 · 95 94 93 92 91

Allgemeine Begriffe

Foreword and Notes for Use

An adequate vocabulary – together with a sound knowledge of grammar – forms the basis for the acquisition of a new language. There are numerous grammar workbooks, but only a few with vocabulary exercises. This book fills that gap. It is aimed at you if you

- are learning or have learned German at the first stage (1–2000 words) or as an advanced student at the inter-mediate stage (2001–4000 words)
- are preparing for an examination (e.g. Certificate in German as a Foreign Language) or
- simply want to brush up your German.

In contrast to the Basic Vocabulary, it is not particularly suit-able for absolute beginners, as it prerequires a vocabulary of some 400–500 words.

This Workbook is the ideal complement to "Langenscheidt's Basic German Vocabulary". It has the same structure, with subdivisions according to subject areas and topics, and it offers a systematic vocabulary learning program for almost all the words in it. In over 400 exercises you can learn these words in their logical context, complete with all the usual associations and connotations. This has been proven to be more successful – and it is also more fun – than the tradi-tional learning by heart of word lists with translations.

The varied forms of exercise and the numerous illustrations also make vocabulary learning less tedious than it used to be and at the same time provide a large number of useful study aids.

Everyone has his or her own method of learning, but we would like to recommend the following techniques for work-ing with this book:

1. First of all you should decide which frequency group (1–2000 or 2001–4000) you need. To find this out you should read through one or two chapters and then test the level of your knowledge. It is, of course, possible to work

on both groups at the same time, but at least for learners at the basic stage this is not recommendable. Take our advice – dont't bite off more than you can chew.

2. Start off with the first subject group, group 1 (or with another – cf. point 8). Read through the words, the example sentences and the translations in the first sub-section (1.1) of the Basic Vocabulary. Make a mental note of the words that you don't know (the serious learning process doesn't begin till point 5).

3. Do all the relevant exercises in the Workbook at one go. Only then should you correct the solutions with the help of the key at the back of the book. (If there are several answers to one question, these are either listed together and separated by an oblique (⁄) or are given in paren-theses. The latter are used for solutions which are possi-ble but stylistically less acceptable than the others.)

4. Make a note on a piece of paper (learning sheet) of the words that you got wrong in the exercises. Add to them the German example sentences and the translations from the Basic Vocabulary. Write down the number and title of the subject group and the subsection from the Basic Vocabulary on the learning sheets and file them in a loose-leaf folder. (Any other words that you don't know which occur in the exercises should not be written down. You can learn them later in other subject groups.)

5. Learn the words that you have written down on the paper, then check with the Basic Vocabulary to make sure that you really do know all the words in the subject group. Cover up the righthand column with the translations when you are testing yourself. Add any words whose meaning you do not know to the learning sheet. Then learn all the words that you have written down until you know all the meanings.

6. You can now move on to the second subsection of the subject group. You should not try to learn any more than around 50 words a day, but you should try to learn regu-larly, preferably every day.

7. After the third day you can start with revision. Look at the learning sheets to check if you still remember the words from the first subsection. Cross off the words whose meaning you remember and re-learn the remaining words, which you have still not mastered. These words should be tested again at the next revision stage. Such revision stages are necessary until all the words have been crossed off.

8. When you are learning, you do not, of course, have to follow the order of the subject groups in the book. Please do not, however, learn a page at a time, but a subsection. It is advisable to work through all the subsections in a subject group before going on to the next one.

9. You can do without the learning sheets if you simply cross out the words you know in the Basic Vocabulary, but the learning sheets will keep things clearer in your mind. The best method of all, though also the one which takes most time and effort, is the index card method. Write down the words you don't know together with example sentences on index cards and add the translations on the back of the cards. Then arrange them in a file-card box in the same order as in the Basic Vocabulary. In the course of the revision exercises you can gradually take out the words that you have learned. You will have reached your vocabulary learning target when your card box is finally empty.

These exercise techniques naturally require some patience and staying power. But with the Workbook and the Basic Vocabulary you will learn the words systematically and in the type of contexts in which they are normally found. Only in this way will they become part of your long-term memory.

Have fun – and the best of luck!

Jutta Müller and Heiko Bock

1 Der Mensch

1.1 Der Körper

1 – 2000

1. Wie heißen die Körperteile hier im Bild? Ergänzen Sie bitte auch die Artikel.

( ) _____ Arm; ( ) _____ Auge; ( ) _____ Bauch; ( ) _____ Bein; ( ) _____ Brust; ( ) _____ Finger; ( ) _____ Fuß; ( ) _____ Haar; ( ) _____ Hals; ( ) _____ Hand; ( ) _____ Herz; ( ) _____ Knie; ( ) _____ Kopf; ( ) _____ Mund; ( ) _____ Nase; ( ) _____ Ohr; ( ) _____ Zahn

2. In jedem Satz fehlt ein Nomen.

> Blut   Gesicht   Größe   Haut   Körper   Kraft   Rücken

a) Ute hat ein hübsches _____ , nur ihre Nase ist ein bißchen zu groß.

b) Jens ist nur 165 cm groß und wiegt 90 kg; er ist zu schwer für seine _____ .

c) Wer blonde Haare hat, hat meistens auch eine helle

_____ .

d) Wie schlafen Sie am liebsten: auf dem Bauch, auf der Seite oder auf dem _____ ?

e) Diese Arbeit ist zu schwer für mich. Das muß jemand machen, der mehr _____ hat.

f) Wenn man zuviel Sport treibt, tut man seinem _____ nichts Gutes.

g) Als ihn die Polizei kontrollierte, hatte er 2,8 Promille Alkohol im _____ .

| 2001–4000 |

3. Wie heißen die Teile des Kopfes hier im Bild? Ergänzen Sie bitte auch die Artikel.

( ) _____ Backe
( ) _____ Gehirn
( ) _____ Kinn
( ) _____ Lid
( ) _____ Lippe
( ) _____ Stirn

a) _____
b) _____
c) _____
d) _____
e) _____
f) _____

4. In jedem Satz fehlt ein Nomen.

Faust	Gelenk	Glieder (Pl.)	Knochen	(Pl.)
Leib	Magen	Muskeln (Pl.)	Nerv	Organ
Rippen (Pl.)		Schultern (Pl.)		Schweiß

a) Durch regelmäßiges Krafttraining hat er sehr starke

    _____ bekommen.

b) _____ ist Salzwasser, das der Körper bei
Hitze oder Anstrengung produziert.

c) Der medizinische Begriff für Körperteil heißt _____.

d) Eine bewegliche Verbindung zwischen zwei Körperteilen
(z. B. zwischen Hand und Unterarm) nennt man

    _____ .

e) _____ ist ein anderes Wort für Körper. *(Es
wird nicht so oft gebraucht.)*

f) _____ sind harte Teile im Körper, die bei
einem Sturz brechen können.

g) Arme und Beine nennt man auch _____ .

h) Was man ißt, kommt vom Mund zunächst in den

    _____ .

i) An den _____ ist der menschliche Körper
am breitesten.

j) Die 12 Knochen im Oberkörper des Menschen heißen

    _____ .

k) Wenn man die Finger schließt, macht man eine

    _____ .

l) Wenn ein _____ tot ist, empfindet man an
dieser Stelle keine Berührung oder keinen Schmerz
mehr.

5. Was kann man nicht sagen?

Ein Mensch atmet ☐ schnell.   ☐ schwach.   ☐ ruhig.
                   ☐ leise.   ☐ niedrig.   ☐ dick.
                                          ☐ schwer.

6. Welches Nomen paßt?

> Atem   Bart   Bauch   Beine (Pl.)   Ellbogen   Fuß
> Gehirn   Haut   Lippen (Pl.)   Lunge   Zeh(e)

a) Arm – Hand : Bein – _____

b) Hand – Finger : Fuß – _____

c) hinten – Rücken : vorne – _____

d) Bein – Knie : Arm – _____

e) Bauch – Magen : Brust – _____

f) Kopf – Haar : Gesicht – _____ (beim Mann)

g) Herz – Blut : Lunge – _____

h) fühlen – Nerven : denken – _____

i) atmen – Lunge : küssen – _____

j) Vogel – Federn : Mensch – _____

k) Auto – Räder : Mensch – _____

1.2 Aussehen   1–2000

7. Was kann man nicht sagen?

a) Meine Freundin ist
- ☐ groß.
- ☐ hoch.
- ☐ niedrig.
- ☐ klein.

b) Mein Bruder ist
- ☐ dick.
- ☐ dünn.
- ☐ schlank.
- ☐ eng.

c) Vera sieht
- ☐ gut aus.
- ☐ hübsch aus.
- ☐ schön aus.
- ☐ günstig aus.

2001−4000

8. In jedem Satz fehlt ein Nomen.

Haltung	Figur	Aussehen	Schönheit

a) Ich habe Jugendbilder von deiner Großmutter gesehen.
Ich finde, sie war früher eine richtige _____.

b) Wenn Kinder zu schwere Schultaschen tragen, bekommen sie eine schlechte _____.

c) Birgit hat 15 Pfund abgenommen. Jetzt hat sie wieder eine gute _____.

d) Ein Mann sollte klug und nett sein, meint Anna. Das _____ findet sie nicht so wichtig.

9. Welche Adjektive passen nicht? (immer 2 Lösungen)

a) Bart: schwarz – lang – mager – kurz – schlank – blond
b) Gesicht: schwach – hübsch – blond – blaß – mager – zart
c) Frisur: häßlich – klein – schön – modern – dick – kurz
d) Haltung: gut – krumm – blaß – gerade – mager
e) Locken: voll – glatt – kurz – stark – blaß – blond
f) Figur: blond – schlecht – schlank – dick – hübsch – eng
g) Brille: rund – groß – dunkel – teuer – blond – jung

10. Welche Ergänzungen passen zu den Verben ‚zunehmen‘, ‚abnehmen‘ und ‚aussehen‘?

schnell	blaß	krank	im	letzten	Jahr	nur	wenig
komisch		fünf Kilo		klug		viel	häßlich

a) Jens hat _____ zugenommen.
_____ abgenommen.
_____
_____

b) Maria sieht _____ aus.

_____
_____
_____
_____

1.3 Geist und Verstand   1–2000

11. In jedem Satz fehlt ein Wort.

| bewußt | intelligent | klug | vernünftig |

a) ☐ Jetzt rufst du an! Ich liege schon im Bett!
   ○ Entschuldige bitte! Es war mir nicht
   _____, daß es schon so spät ist.

b) Es tut mir leid, daß wir uns gestern gestritten haben.
   Laß uns heute noch einmal _____ über die
   Sache reden.

c) Jens konnte schon mit 4 Jahren lesen und schreiben; er
   war ein sehr _____ Kind.

d) Anna ist nicht leichtsinnig, sie trifft _____
   Entscheidungen.

12. Welches Nomen paßt?

a) Ich gehe nicht gern zu einem jungen Arzt. Der hat noch
   kein_ _____. *(Erinnerung/Erfahrung/Ver-
   nunft/Verstand)*

b) ☐ Inge und Gerd wollen morgen heiraten, obwohl sie
   sich erst seit drei Wochen kennen. Das ist doch ver-
   rückt!
   ○ Das finde ich auch, aber von Verliebten kannst du
   kein_ _____ erwarten. *(Kenntnis/Erinne-
   rung/Vernunft/Interesse)*

c) ☐ Dieser Teppich gefällt mir gut.
   ○ Das ist ein_ _____ an unseren Urlaub in
      der Türkei. *(Gedanke/Erinnerung/Erfahrung/Ge-
      dächtnis)*

d) Mein Bruder kann sich jede Telefonnummer merken. Er
   hat ein_ sehr gut__ _____ für Zahlen.
   (Gedächtnis/Kenntnis/Vernunft/Gedanke)

e) Willst du deinen Eltern wirklich einen Hund schenken?
   Ich finde, das ist kein__ gut__ _____ . *(Ver-
   nunft/Interesse/Gedanke/Kenntnis)*

f) Gerd geht immer allein zum Schifahren. Seine Frau hat
   kein_ _____ am Sport. *(Kenntnis/Erfahrung/
   Verstand/Interesse)*

g) Er ist mit seiner Sekretärin sehr zufrieden. Sie schreibt
   perfekt Schreibmaschine und hat gut__ _____
   in Spanisch und Englisch. *(Kenntnisse/Gedanken/Erin-
   nerungen/Interessen)*

h) Du willst mit dem Fahrrad durch die Sahara fahren?
   Hast du d__ _____ verloren? *(Erfahrung/
   Gedächtnis/Kenntnis/Verstand)*

13. Verben, die mehrere Bedeutungen haben. Welche Erklärung paßt zu welchem Satz?

a) 1. denken: *geistig arbeiten, urteilen; überlegen*
   2. denken: *glauben, meinen, annehmen*
   3. denken: *etwas im Gedächtnis haben*

A. Ich denke, daß es morgen regnen wird. (1) (2) (3)
B. Diese Arbeit ist ganz einfach; man braucht dabei
   nicht zu denken. (1) (2) (3)
C. Letztes Jahr ist unser Hund gestorben. Immer wenn
   ich andere Hunde sehe, muß ich an ihn denken. (1)
   (2) (3)

b) 1. erkennen: *wahrnehmen, sehen, unterscheiden*
   2. erkennen: *merken, wer oder was etwas ist*
   3. erkennen: *im Geist zu einem Schluß kommen, bewußt werden*

A. Jens hat 15 Kilo abgenommen. Seine Freunde haben ihn fast nicht mehr erkannt.(1) (2) (3)
B. Kannst du erkennen, wie spät es auf dieser Uhr ist? Ich habe meine Brille nicht auf. (1) (2) (3)
C. Manche Paare erkennen erst nach der Hochzeit, daß sie nicht zusammenpassen. (1) (2) (3)

c) 1. kennen: *Bescheid wissen über etwas/jemanden, guten Kontakt haben*
   2. kennen: *etwas schon einmal gehört/gelesen/gesehen haben*

A. Dieses Buch können wir ihm nicht schenken. Das kennt er schon. (1) (2)
B. Ich kenne Maria seit mehr als dreißig Jahren. Wir haben schon als Kinder zusammen gespielt. (1) (2)

d) 1. merken: *wahrnehmen, entdecken, beobachten, erkennen; sich einer Sache bewußt werden*
   2. merken: *körperlich fühlen*
   3. merken: *etwas im Gedächtnis behalten*

A. Sag mir bitte noch einmal, wie du heißt. Ich kann mir leider keine Namen merken. (1) (2) (3)
B. Hast du nicht gemerkt, daß ich eine neue Brille trage? (1) (2) (3)
C. Mein Arzt ist sehr gut. Wenn er mir eine Spritze gibt, merke ich nichts davon. (1) (2) (3)

e) 1. vergessen: *sich nicht mehr erinnern an etwas/jeman-*
    den, nichts mehr wissen von etwas/jemandem
    2. vergessen: *nicht daran denken, etwas zu tun*
    3. vergessen: *etwas ohne Absicht liegen/stehen lassen*

A. In der Schule hat Gerd Englisch gelernt, aber inzwi-
    schen hat er alles vergessen. (1) (2) (3)
B. Vergessen Sie bitte nicht, die Fenster zu schließen.
    (1) (2) (3)
C. Maria hat ihre Handtasche in der Straßenbahn verges-
    sen. (1) (2) (3)

f) 1. verstehen: *Grund/Sinn/Bedeutung von etwas*
    begreifen
    2. verstehen: *klar/deutlich hören, was jemand sagt*
    3. verstehen: *etwas gut kennen/können/gelernt haben*
    4. verstehen: *Gründe/Absichten einer persönlichen*
    Handlung begreifen

A. Hier sind die Wände sehr dünn. Man kann verstehen,
    was die Nachbarn in der Wohnung nebenan sagen.
    (1) (2) (3) (4)
B. Heute abend macht mein Mann das Essen. Er ver-
    steht etwas vom Kochen.
C. Meine Freundin ist in einer Lebenskrise. Sie glaubt,
    daß niemand sie versteht. (1) (2) (3) (4)
D. Ich verstehe diesen Text nicht; kannst du ihn mir
    erklären? (1) (2) (3) (4)

g) 1. können: *vielleicht, möglicherweise*
   2. können: *die Möglichkeit haben*
   3. können: *die Fähigkeit/Kenntnis haben*
   4. können: *dürfen, die Erlaubnis haben*

A. Geh' bitte ans Telefon. Der Anruf kann wichtig sein.
   (1) (2) (3) (4)
B. Kann ich bitte dein Auto haben? Mein Wagen ist für
   zwei Tage in der Werkstatt. (1) (2) (3) (4)
C. Ich brauche mein Auto eigentlich nicht. Ich kann
   auch mit dem Bus zur Arbeit fahren. (1) (2) (3) (4)
D. Jens hat seinen Führerschein seit einem Jahr, aber er
   kann immer noch nicht richtig fahren. (1) (2) (3) (4)

14. In jedem Satz fehlt ein Verb.

> aufpassen   erinnern   interessieren   mißverstehen
> nachdenken   vorstellen

a) Meine Schwester hat mir ihren neuen Chef genau
   beschrieben. Ich kann ihn mir sehr gut _____ .
b) Mein Autoschlüssel ist weg. Ich kann mich nicht mehr
   _____ , wo ich ihn hingelegt habe.
c) □ Warum bist du denn so still? ○ Ich _____
   darüber _____ , wie ich Sylvia helfen kann;
   sie hat Ärger mit den Kollegen.
d) Was hast du gerade gesagt? Ich habe einen Moment
   nicht _____ .
e) Sie haben mich _____ . Ich wollte drei Stück
   Tomaten, nicht drei Kilo!
f) Gerd liest selten Zeitung; er _____ sich
   nicht für Politik.

2001–4000

15. Welches Adjektiv paßt am besten?

a) Marga macht sehr viel selbst; sie näht Kleider, strickt Pullover und bastelt Spielsachen für die Kinder. Sie ist sehr _____ mit ihren Händen. *(gescheit/ geschickt/weise)*

b) Herr Felix ist unser bester Verkäufer. Er kann gut reden und ist sehr _____ im Umgang mit den Kunden. *(gewandt/weise/wahnsinnig)*

c) Oft schaffen Kinder die Schule nicht, weil sie viele Probleme haben. Aber viele Leute glauben, daß diese Kinder zu _____ sind. *(unklug/gescheit/dumm)*

d) Meine kleine Nichte liest viel und interessiert sich für alles Mögliche. Sie ist ein _____ Mädchen. *(geschickt/gescheit/weise)*

e) Unsere Nachbarin ist eine merkwürdige alte Frau. Sie will mit keinem Menschen Kontakt haben und spricht immer laut mit sich selbst. Die anderen Leute im Haus halten sie für _____. *(dumm/unklug/verrückt)*

f) Nicht alle Menschen werden im Alter _____. *(weise/geschickt/dumm)*

16. In jedem Satz ist ein Verb kursiv gedruckt. Welches andere Verb hat die gleiche Bedeutung?

a) Die Regeln habe ich *begriffen*, aber ich kann immer noch nicht gut Schach spielen.
(A) bedenken (B) verstehen (C) denken (D) einsehen

b) Wir können nicht *begreifen*, warum das Gericht ein solches Urteil gefällt hat.
(A) Verständnis haben (B) erkennen (C) überlegen
(D) erfinden

c) Klaus hat *eingesehen*, daß sich seine Pläne nicht ver-
wirklichen lassen.
(A) glauben (B) meinen (C) entscheiden (D) zu der
Überzeugung kommen

d) Gestern habe ich *erfahren*, daß unsere Firma neue
Leute einstellen will.
(A) erkennen (B) bedenken (C) Information bekom-
men (D) einsehen

e) Die Regierung hat den Ernst der Lage nicht richtig
erfaßt.
(A) erfahren (B) überlegen (C) entscheiden (D) be-
greifen

f) Die Ingenieure haben eine neue, vollautomatische Pack-
maschine *erfunden*.
(A) entwickeln (B) vorstellen (C) denken (D) be-
greifen

g) Sie hatte vorher genau *überlegt*, was sie sagen wollte.
(A) erfinden (B) bedenken (C) erfassen (D) be-
greifen

17. Welches Nomen paßt? (Manchmal passen zwei!)

a) □ Wollen wir nach der Arbeit zum Schwimmen gehen?
○ Oh ja! Das ist ein__ gute__ _____. *(Erfin-
dung/Idee/Einfall/Phantasie)*

b) Ich finde auch, daß die Wohnung schrecklich aussieht.
Aber stell' dir die Zimmer doch mal vor, wenn wir sie
renoviert haben. Hast du denn gar kein__
_____? *(Idee/Einfall/Phantasie/Neigung)*

c) Frank sollte wie sein Vater Ingenieur werden, aber er
hatte kein__ _____ dazu. *(Neigung/Vorstel-
lung/Idee/Lust)*

d) Viele Mädchen wollen Stewardeß werden, weil sie ein__
falsch__ _____ von diesem Beruf haben.
(Erkenntnis/Einfall/Vorstellung/Idee)

e) Männer und Frauen haben in unserer Firma die glei-
   chen Chancen. Nur d__ beruflich__ _____ ist
   für die Karriere entscheidend. *(Erkenntnis/Erfindung/
   Neigung/Können)*

f) Meine Schwester ist endlich zu d__ _____
   gekommen, daß sie zuviel Geld für Kleidung ausgibt.
   (Erkenntnis/Vorstellung/Idee/Phantasie)

g) Das Auto ist ein__ technisch__ _____ , die
   die Welt verändert hat. *(Phantasie/Erkenntnis/Vorstel-
   lung/Erfindung)*

1.4 Charakter	1–2000

**18. Welche Eigenschaft paßt am besten zu den folgenden
Personen?**

> anständig   bescheiden   ehrlich   fleißig   geduldig
> gerecht   nett   neugierig   sparsam   streng
> zuverlässig   eingebildet

a) Petra lebt sehr einfach. In ihrem Beruf ist sie erfolg-
   reich, aber sie erzählt sehr wenig darüber.
   _____

b) Herr Brandes möchte unbedingt wissen, was sein neuer
   Kollege früher gemacht hat. _____

c) Bernd gibt nicht sehr viel Geld aus, obwohl er ein gutes
   Gehalt hat. _____

d) Du kannst ruhig glauben, was dir Carola erzählt hat. Sie
   sagt immer die Wahrheit. _____

e) Uta arbeitet oft zehn bis zwölf Stunden am Tag.
   _____

f) Jochen hatte starke Zahnschmerzen und mußte beim
   Arzt über eine Stunde warten. Trotzdem blieb er ruhig
   und beschwerte sich nicht. _____

g) Die Lehrerin behandelt alle Schüler gleich und bevor-
   zugt keinen. _____

h) Der neue Chef kritisiert jeden Fehler sofort und verlangt, daß immer gemacht wird, was er sagt.

_____

i) Frau Krause hilft mir jeden Freitag beim Putzen. Ich kann ganz sicher sein, daß sie immer pünktlich kommt und ihre Arbeit gut macht. _____

j) Mark ist immer freundlich und höflich.

_____

k) Herr Bauer ist Autohändler. Er sagt den Kunden immer offen, was seine Wagen wert sind und welche Mängel sie haben. _____

l) Irma hält sich für ganz besonders schön und gescheit.

_____

$$2001-4000$$

19. Welches Adjektiv paßt am besten?

a) Mein Bruder ist noch sehr jung. Wenn ihn ein Mädchen anlacht, wird er ganz _____. *(ernst/ordentlich/verlegen)*

b) Ich habe noch nie gesehen, daß Bernd lacht oder fröhlich ist. Er ist ein sehr _____ Mensch. *(ernsthaft/nervös/leichtsinnig)*

c) Meine Eltern haben mir ein Auto geschenkt, weil mein altes kaputt ist. Sie sind immer sehr _____. *(stolz/fair/großzügig)*

d) Holger hat alle Prüfungen mit Note 1 bestanden. Jetzt ist er ganz _____, weil er so ein gutes Examen hat. *(leichtsinnig/stolz/nervös)*

e) Meine Freundin will alleine mit dem Fahrrad durch Spanien fahren. Ich finde das sehr _____. *(leichtsinnig/stolz/großzügig)*

f) Der verstorbene Präsident war ein guter Mensch und ein großer Politiker. Es wird schwer sein, einen _____ Nachfolger für ihn zu finden. *(ernsthaft/fair/würdig)*

20. Zu welcher Wörterbucherklärung passen die Nomen?

| Einbildung | Laune | Neugier | Mut | Sorgfalt | Wille |

a) _____, der: ~ haben, zeigen, beweisen, bekommen; das gibt, das macht mir neuen ~; den ~ (nicht) verlieren; einer Person den ganzen ~ nehmen

b) _____, die: eine gute, frohe, schlechte ~ haben; guter, schlechter ~ sein

c) _____, die: große, starke, geringe ~; aus ~ fragen; aus ~ etwas wissen wollen

d) _____, die: große, geringe ~; etwas mit ~ tun, erledigen; sie arbeiten langsam, aber mit großer ~

e) _____, die: das ist alles nur ~; das gibt es nicht, das ist nur in deiner ~; du leidest an ~

f) _____, der; fester, starker ~; einen eigenen ~n haben; seinen ~n durchsetzen; jemandes ~n brechen

21. So sind meine Kollegen.

| ernst | faul | humorvoll | schüchtern | sorgfältig |
| unordentlich | | unselbständig | | nervös | fair |

a) Kurt hat meistens keine Lust zu arbeiten. Er ist ziemlich

_____.

b) Sabine räumt nie ihren Schreibtisch auf; Papier, Briefe
   und Schreibstifte liegen immer durcheinander. Sie ist

_____.

c) Holger lacht viel und versteht Spaß. Er ist ein
   _____ Mensch.

d) Maria lacht selten; eigentlich ist sie immer

_____.

e) Wolfgang macht wenig Fehler, weil er sehr
   _____ arbeitet.

f) Astrid kann nicht ruhig auf ihrem Stuhl sitzen bleiben.
   Sie ist ziemlich _____.

g) Rudolf spricht nicht viel und bekommt leicht einen
   roten Kopf. Wir verstehen nicht, warum er so
   _____ ist.

h) Joachim weiß meistens nicht, welche Arbeit er machen
   soll. Er fragt dann unsere Chefin, was er als nächstes
   tun muß. Zum Glück sind nicht alle Kollegen so

_____.

i) Unsere Chefin ist anständig und gerecht; sie behandelt
   alle Mitarbeiter ganz _____.

1.5 Positive und neutrale Gefühle | 1-2000

22. Ein Nomen paßt nicht!

a) glücklich: Familie – Freundin – Jahr – Frisur
b) froh: Mensch – Stimmung – Wetter – Gesicht
c) angenehm: Leute – Wohnung – Wetter – Herz
d) ängstlich: Kind – Hunger – Blick – Verhalten
e) gemütlich: Fehler – Stimmung – Abend – Zimmer
f) lieb: Großmutter – Lust – Gäste – Nachbarin
g) dankbar: Patient – Hoffnung – Kollege – Publikum

23. Welches Verb paßt am besten?

empfinden	freuen	genießen	hoffen
lachen	lächeln	fühlen	lieben

a) laut und fröhlich
   über eine verrückte Idee
   über einen Fehler
   über einen Witz
   mit meinen Freunden

b) freundlich
   bei der Begrüßung
   über ein Mißverständnis
   auf dem Foto
   leise

c) sich allein
   keine Schmerzen im Bein
   sich krank
   im Dunkeln nach dem Licht-
   schalter
   sich verantwortlich

d) das Essen
   den freien Tag
   die Ruhe nach der Arbeit
   die schöne Stimmung
   das Leben

e) sich auf das Wochenende
   sich über das Geschenk
   sich sehr
   sich über den Brief
   sich gar nicht

f) auf ein gutes Ergebnis
   auf eine gute Zusammenarbeit
   auf eine gute Zukunft
   auf ein glückliches Ende
   auf bessere Tage

g) Angelika
   die Freiheit
   meinen Beruf
   meine Kinder
   Musik

h) Liebe für Helga
   Lust auf ein Bier
   keine Schmerzen
   große Freude
   die Kälte nur wenig

24. In jedem Satz fehlt ein Nomen!

| Freude | Liebe | Lust | Hoffnung | Stimmung |

a) Es regnet hier seit zehn Tagen ohne Pause.
_____ auf besseres Wetter haben wir nicht mehr.

b) Zwischen Katrin und Christoph war es _____
auf den ersten Blick.

c) Hast du _____, heute abend essen zu
gehen?

d) Es war eine schöne Party; die _____ war
ganz ausgezeichnet.

e) Die _____ über den Sieg der Mannschaft
war groß, und es wurde deshalb kräftig gefeiert.

2001–4000

25. Welches Adjektiv paßt am besten?

a) Die Kollegen sind nett, und mein Gehalt ist auch nicht
schlecht. Ich bin mit meiner Stelle ganz
_____. *(fröhlich/zufrieden/erfreut)*

b) Ursula und Bernd sind ständig zusammen. Ich glaube,
die beiden sind _____. *(heiter/fröhlich/
verliebt)*

c) □ Du hast wohl gute Laune?
○ Ja, ich bin so richtig _____ heute.
(fröhlich/zärtlich/erfreut)

d) Mein Name ist Hans Gärtner. – Ich bin sehr _____,
Sie kennenzulernen. *(zufrieden/lustig/erfreut)*

e) □ Ist das ein trauriger Film, den wir heute abend
sehen?
○ Ganz im Gegenteil, er ist sehr _____.
(nett/ernst/heiter)

f) Meine Katze genießt es sehr, wenn man _____
zu ihr ist. *(gemütlich/zärtlich/höflich)*

6. In jedem Satz fehlt ein Nomen!

| Lachen | Gefühl | Lächeln | Leidenschaft |
| Spaß | | Glück | Erleichterung |

a) Deine Hilfe war eine große _____ für mich.

b) Es ist ein schönes _____ , ohne Schuhe am Meer zu laufen.

c) Zum Geburtstag wünschen wir dir viel _____ und Gesundheit.

d) Man konnte sein fröhliches _____ im ganzen Haus hören.

e) Schnelle Autos sind seine große _____ .

f) Radfahren macht mir keinen _____ .

g) Sie verabschiedeten sich mit einem freundlichen

_____ .

1.6 Negative Gefühle   1−2000

7. Welches Nomen paßt?

| Angst | Ärger | Aufregung | Sorge | Trauer | Wut |

a) _____ : vor der Gefahr; vor den Feinden; vor dem Krieg; vor dem gefährlichen Hund; vor dem Tod

b) _____ : um den Kranken; um das Kind; um meine Gesundheit; für die Zukunft; für die Famlie

c) _____ : um die tote Schwester; um die Unfallopfer; über das Ende unserer Freundschaft; über die Zerstörung der alten Häuser

d) _____ : auf den ungerechten Chef; auf die schlechte Regierung; auf den frechen Nachbarn; über einen schlimmen Fehler

e) _____ : mit der neuen Maschine; mit den
Nachbarn; wegen zu lauter Musik;
mit einer unzufriedenen Kundin

f) _____ : wegen des kaputten Autos; wegen
unserer leichtsinnigen Tochter; um
die neuen Steuergesetze; um den
Rücktritt eines Ministers; über die
hohe Rechnung

28. Welche Adjektive passen? Suchen Sie alle Möglichkeiten.

ärgerlich   böse   traurig   unangenehm
unglücklich   verzweifelt   wütend

a) Ella weiß keine Lösung für ihre Probleme und glaubt,
daß niemand ihr helfen kann. Manchmal ist sie völlig
_____ .

b) Fred hat sich sehr über den Chef geärgert. Er war so
_____ , daß er am nächsten Tag gekündigt
hat.

c) Es ist mir sehr _____ , aber ich möchte Sie
fragen, ob ich die Rechnung erst nächste Woche bezahlen kann.

d) Jens und Christa haben sich scheiden lassen. Ihre Ehe
war sehr _____ .

e) □ Du weinst ja! Warum bist du denn so _____ ?
○ Ich habe gerade erfahren, daß ein alter Freund
gestorben ist.

f) Es ist wirklich _____ , daß du alle Schlüssel
verloren hast!

g) Es tut mir leid, daß ich schon wieder zu spät komme.
Sei bitte nicht _____ .

29. Welches Verb paßt dazu?

sorgen	sich aufregen	sich fürchten	bedauern

a) _____ : leid tun; schade finden;
Mitleid haben

b) _____ : Angst haben; ängstlich sein;
keinen Mut haben

c) _____ : sich kümmern; pflegen;
schützen

d) _____ : nervös werden; unruhig
werden; wütend sein

$$2001-4000$$

30. Welches Adjektiv paßt am besten?

a) Eltern, die nicht wissen, ob es ihren Kindern gut geht,
sind □ erregt □ erschüttert □ besorgt.

b) Einen Menschen, der sich geärgert hat und nervös ist,
nennt man □ dumm □ böse □ erregt.

c) Ein Mensch, der nicht mehr daran glaubt, daß sich
seine Situation verbessern kann, ist □ einsam
□ hoffnungslos □ zornig.

d) Wer alleine lebt und keine Freunde und Bekannte hat,
ist □ einsam □ erschüttert □ hoffnungslos.

e) Ein Mensch, der eine große Wut auf etwas hat, ist wü-
tend oder □ eifersüchtig □ zornig □ besorgt.

f) Wenn ein Mann glaubt, daß ein anderer Mann in seine
Frau verliebt ist, wird er sicher □ hoffnungslos
□ ernst □ eifersüchtig.

g) Bei einem Schiffsunglück sind über zweihundert Men-
schen gestorben. Alle, die diese Nachricht hören, sind
□ erschüttert □ besorgt □ verzweifelt.

31. Zu welcher Wörterbucherklärung passen die Verben?

> beunruhig(en) hass(en) schäm(en)
> schockier(en) vermiss(en)

a) _____ : wegen deiner/über deine/Herz-
schmerzen bin ich sehr ~t; ~e dich
nicht; wegen Klaus müßt ihr euch
nicht ~, er kann sich selber helfen

b) _____ : über ihre verrückte Frisur waren alle
~t; Nacktfotos in Zeitschriften ~
heute nicht mehr wie früher

c) _____ : sich sehr, ziemlich, zu Tode ~;
ich ~e mich, es dir zu sagen; sie ~t
sich, weil sie die Prüfung nicht
bestanden hat

d) _____ : etwas/jemanden sehr (stark) ~;
ich werde dich ~, wenn du so lange
weg bist

e) _____ : eine Person sehr, tödlich ~; sich
(gegenseitig) ~; erst liebten sie
sich, jetzt ~ sie sich

1.7 Gesundheit und Krankheit | 1-2000

32. In jedem Satz fehlt ein Nomen!

> Erkältung Fieber Grippe Husten Gesundheit
> Krankheit Schmerzen Pl.) Pille Verband
> Verletzung Wunde

a) Schon seit vier Tagen hat meine Mutter 38 Grad
_____ .

b) Ich habe nur eine Erkältung, sagt der Arzt. Zum Glück
ist es keine _____ .

c) Sein _____ wird immer stärker und lauter.
   Er kann kaum noch richtig atmen.

d) Bei der Arbeit mit der alten Schneidemaschine muß
   man gut aufpassen; die _____sgefahr ist
   sehr groß.

e) Wenn Sie starke _____ haben, gebe ich
   Ihnen für die Nacht ein Schlafmittel.

f) Nehmen Sie eine _____ vor jeder Mahlzeit,
   am besten mit etwas Wasser.

g) Die _____ blutet sehr stark. Wir brauchen
   sofort einen Arzt!

h) Sie ist nicht mehr im Krankenhaus, aber sie muß noch
   einen _____ um den Kopf tragen.

i) Mein Hals tut weh und meine Nase juckt. Ich glaube, ich
   bekomme eine _____ .

j) _____ ist das wichtigste im Leben, finde ich.

k) Bruno war doch noch so jung. An welcher
   _____ ist er denn gestorben?

33. Welche Adjektive passen nicht?

a) Erkältung: stark – hoch – groß – schwach – leicht –
                 schwer

b) Fieber: leicht – klein – hoch – leise – stark –
                 schwer

c) Husten: schwer – niedrig – stark – schwach –
                 leicht – hoch

d) Gesundheit: nett – gut – stark – schlecht – schwach –
                 hoch

e) Schmerzen: stark – schlimm – laut – leicht – groß –
                 gut

f) Verletzung: klein – groß – leise – niedrig – leicht –
                 schwer

g) Wunde: hoch – tief – dick – schwer – leicht –
                 groß

34

34. Welches Verb paßt am besten?

bluten   sich erkälten   husten   leiden   schmerzen
sich verletzen

a) _____ : lange, schwere Krankheit;
     unglücklich sein; Schmerzen

b) _____ : Maschine; Arbeit; Unfall;
     Wunde

c) _____ : Brust; Lunge; Erkältung;
     rauchen

d) _____ : schlechtes Wetter; Halsweh;
     Husten; Schnupfen

e) _____ : Verletzung; Wunde; weh tun

f) _____ : Verband; rot; Wunde; Verlet-
     zung

2001 – 4000

35. Wie heißen die Schmerzen an diesen Körperteilen?

a) _____
b) _____
c) _____
d) _____

a) _____
b) _____
c) _____
d) _____

6. In jedem Satz fehlt ein Nomen!

> Lebensgefahr   Leiden   Ohnmacht   Übelkeit

a) Diese Pillen helfen gut bei _____ , wenn
   man Schiffsfahrten nicht verträgt.
b) Er ist schwer verletzt, aber er ist nicht in _____ .
c) Sie starb nach einem langen schweren _____ .
d) Wenn er Blut sieht, fällt er in _____ .

7. Welches Adjektiv paßt am besten?

a) Ein Stoff, der Menschen oder Tiere töten kann, ist
   ( ) übel   ( ) giftig   ( ) schlecht.
b) Ein Mensch, der nicht sehen kann, ist
   ( ) blind   ( ) taub   ( ) lahm.
c) Ein Mensch, der für kurze Zeit ohne Bewußtsein ist, ist
   ( ) atemlos   ( ) ohnmächtig   ( ) krank.
d) Ein Mensch, der nicht hören kann, ist
   ( ) ohrlos   ( ) lautlos   ( ) taub.
e) Ein Bein, das man nicht mehr bewegen kann, nennt
   man
   ( ) lahm   ( ) bewegungslos   ( ) schmerzhaft.

1.8 Leben und Tod 1 – 2000

38. Wie ist die richtige (zeitliche) Reihenfolge für diese Nomen?

| Alter | Berufsleben | Geburt | Jugend | Kindheit | Tod |

a) ⟶   b) ⟶   c) ⟶   d) ⟶   f) ⟶

a) _Geburt_ _____   d) _____

b) _____   e) _____

c) _____   f) _____

9. Ergänzen Sie die Adjektive.

> gestorben   jung   geboren   tot   alt   tödlich

a) Herzlichen Glückwunsch zum Geburtstag! Sag mal, wie
   _____ bist du eigentlich geworden?

b) Wann und wo sind Sie _____?

c) Vera ist sehr _____ _____. Sie
   war erst 26 Jahre alt.

d) Sandra ist bei einem Verkehrsunfall _____
   verletzt worden. Sie war sofort _____.

2001−4000

40. Welches Nomen paßt am besten?

Alter   Begräbnis   Erbe   Krise   Selbstmord

a) Grab, Friedhof, Priester, Kirche: _____
b) Angst, Verzweiflung, hoffnungslos sein, sterben wollen:

_____

c) Rente, Freizeit, Großvater, Großmutter: _____

_____

d) Testament, Toter, Geld, Verwandte: _____
e) Probleme haben, Hilfe brauchen, unglücklich sein:

_____

2 Handlungen und Aktivitäten

2.1 Sinne und Körperfunktionen | 1-2000

41. Welche Verben passen zu welchem Körperorgan?

| anfassen | ansehen | beobachten | betrachten | blicken |
| fühlen | greifen | hören | riechen | schauen | sehen |

a) mit den
   Händen: _____ _____

b) mit den Augen: _____ _____

   _____ _____

c) mit den Ohren: _____

d) mit der Nase: _____

42. Welches Nomen paßt zu welchem Verb?

| frieren | schlafen | schwitzen | weinen |

a) Hitze: _____

b) Kälte: _____

c) Bett: _____

d) Tränen: _____

43. Welches Verb paßt?

| anfassen | frieren | hören | riechen |
| schlafen | träumen | weinen |

a) _____ : an den Händen, an den Ohren, am
   ganzen Körper, bei diesem Wetter,
   sehr, ständig, leicht

b) _____ : vor Schmerz, vor Freude, vor Wut,
   um den toten Freund, laut, heftig,
   leise, still

c) _____ : (1) nach Bier, nach Käse, nach Rauch, gut, schlecht, (un)angenehm, herrlich, frisch
(2) nichts, frisches Brot, bei Schnupfen wenig, an der Blume

d) _____ : ein Konzert im Radio, nur auf einem Ohr, deine Stimme, deutlich, gut, schlecht, schwer

e) _____ : mit den Händen, nur mit Handschuhen, vorsichtig, fest, zärtlich

f) _____ : zehn Stunden lang, im Hotel, im eigenen Bett am besten, tief, fest, gut, (un)ruhig, schlecht, sonntags lange

g) _____ : etwas Schönes, etwas Komisches, von Johanna, nur selten, jede Nacht, wenig, viel

44. In jedem Satz fehlt ein Nomen! (Drei Nomen haben zwei verschiedene Bedeutungen.)

> Blick (1)   Blick (2)   Geruch   Geschmack (1)
> Geschmack (2)   Schlaf   Träne   Traum (1)   Traum (2)

a) Ich brauche nachts nicht viel _____ . Sechs Stunden sind genug.

b) Den bitteren _____ von Grapefruits mag ich nicht.

c) Der _____ von unserem Balkon ist sehr schön. Wir schauen direkt aufs Meer.

d) Wegen der Chemiefabrik liegt über der Stadt immer ein merkwürdiger _____ . An warmen Tagen ist es am schlimmsten.

e) Max konnte den Nachbarn nicht leiden. Er hat keine _____ geweint, als er starb.

f) Heute nacht hatte ich einen schrecklichen _____ .

g) Sie hat einen freundlichen und offenen _____
_____ . Sie ist sicher ein ehrlicher Mensch.

h) Birgit ist immer gut angezogen; sie hat einen ausge-
zeichneten _____ .

i) Ich möchte einmal für vier Wochen allein auf einer Süd-
seeinsel sein. Das ist mein _____ .

$$2001-4000$$

45. Welches Verb paßt?

a) Du hast ja eine andere Haarfarbe! Fast hätte ich dich
nicht _____ . *(wahrnehmen/erkennen/sehen)*

b) Kannst du bitte mit Jochen zum Arzt gehen? Ich kann
nicht _____ , wenn das Kind eine Spritze
bekommt. *(zusehen/erkennen/wahrnehmen)*

c) Seit seine Frau tot ist, hat sich der alte Mann verändert.
Er _____ manchmal stundenlang ins Leere.
(staunen/betrachten/starren)

d) □ Schau mal, Bruno hat links ein grünes Auge und
rechts ein braunes.
○ Tatsächlich! Das habe ich bei ihm noch nie
_____ . *(erkennen/wahrnehmen/betrachten)*

46. Vor oder nach dem Schlaf – was paßt wohin?

| erschöpft sein   aufwachen   ermüden   schläfrig sein |
| aufwecken   wecken   ins Bett gehen   aufstehen |

a) vor dem Schlaf	b) nach dem Schlaf
_____	_____
_____	_____
_____	_____
_____	_____

2.2 Körperpflege und Sauberkeit | 1-2000

7. Zu jedem Bild paßt ein Verb.

abtrocknen	sich duschen	sich kämmen
putzen	spülen	waschen	sich wischen

a)

d)

e)

e)

b)

f)

c)

g)

48. Was paßt nicht?

a) abtrocknen: die Teller, die Seife, die Gläser, sich die Hände, die Wäsche

b) waschen: den Pullover, die Wäsche, das Auto, sich die Haare, sich die Zähne, die Wohnung

c) spülen: den Teppich, das Geschirr, die Gläser, die Messer, die Gabeln, den Fußboden, die Töpfe

d) putzen: die Wohnung, die Schuhe, sich die Nase, die Teller, die Fenster, sich die Zähne, sich die Füße

e) wischen: den Fußboden, die Treppe, Staub, den Pullover, die Wäsche

f) reinigen/
reinigen lassen: den Backofen, den Motor, die Straße, den Staub, das Kleid, den Mantel, sich die Haare

49. Zu jedem Bild paßt ein Nomen! Ergänzen Sie den Artikel.

Bad	Bürste	Dusche	Creme	Fleck
Handtuch		Kamm		Seife

a)

b)

c)

d)

2001 – 4000

50. In jedem Satz fehlt ein Nomen!

> Puder   Rasierapparat   Rasierklinge   Schwamm
> Waschmaschine   Zahnpastatube

a) Bruno trägt seit vier Wochen einen Bart. Seinen elektrischen _____ hat er verschenkt.

b) Du blutest ja am Kinn! Hast du dich mit der _____ geschnitten?

c) Du kannst gerne meine Badewanne benutzen. Hier sind Handtücher und Seife; möchtest du zum Waschen lieber einen Waschlappen oder einen _____ ?

d) □ Hast du schon deine Zähne geputzt?
   ○ Ich konnte nicht, die _____ ist leer.

e) □ So ein Pech, ich habe mir einen Tomatenfleck auf die Bluse gemacht!
   ○ Gib sie mir. Ich stecke sie gleich in die _____ und wasche sie.

f) Für die Babypflege braucht man Babyseife, Babyöl und _____.

e)

f)

g)

h)

2.3 Tun (allgemein) | 1–2000

51. In jedem Satz ist ein Verb kursiv geschrieben. Welches andere Verb hat die gleiche (sehr ähnliche) Bedeutung?

a) Wir haben *uns entschieden*, das Auto nicht zu verkaufen.
(A) planen (B) probieren (C) beschließen
(D) bemühen

b) Wir treffen uns jeden Dienstag bei mir zu Hause, um Englisch zu lernen. Möchtest du nicht auch *teilnehmen*?
(A) sich beteiligen (B) erledigen (C) beschließen
(D) gewöhnen

c) Jens *plant*, in diesem Sommer nach Norwegen zu fahren.
(A) entscheiden (B) besorgen (C) erledigen
(D) vorhaben

d) Ich habe es *geschafft*, die Waschmaschine selbst zu reparieren.
(A) vorhaben (B) vermeiden (C) gelingen
(D) versuchen

e) Ich *versuche* seit Tagen, beim Chef einen Gesprächstermin zu bekommen.
(A) beschäftigen (B) sich bemühen (C) besorgen
(D) planen

f) Wir müssen noch Brot und Käse *einkaufen*.
(A) versuchen (B) beteiligen (C) besorgen
(D) vorhaben

g) Hast du deine Schulaufgaben schon *gemacht*?
(A) erledigen (B) gelingen (C) bemühen
(D) beschließen

52. Welche Ergänzungen passen zu den Verben?

a) um eine Auskunft
um eine Theaterkarte
um eine geliebte Person

b) an der Arbeit
an einem Gespräch
an einer Feier

c) an das Klima
an die neue Wohnung
an die neue Kollegin

d) mit der Briefmarken-
sammlung
mit einem alten Problem
mit den Kindern

A) sich _____ beteiligen
B) sich _____ beschäftigen
C) sich _____ bemühen
D) sich _____ gewöhnen

a	b	c	d

53. ‚Tun', ‚machen', ‚tun/machen' oder ‚arbeiten'? Was paßt?

a) Was _____ ihr in eurer Freizeit?

b) Frau Berend _____ bei der Firma Karcher.

c) Keine Angst, der Hund _____ dem Kind nichts.

d) Die Wissenschaftler haben eine neue Entdeckung
_____.

e) Was glaubst du, womit kann man ihr eine Freude
_____?

f) Wir sind noch nicht fertig; es gibt viel zu _____.

g) Er hat wirklich sein Bestes _____.

h) Sie hat _____, was der Chef gesagt hat.

i) Die Maschine _____ nicht richtig.

j) Können Sie mir einen Gefallen _____?

k) Wegen der vielen Aufträge wird zur Zeit in der Firma
über zehn Stunden pro Tag _____.

l) Ich kann Ihnen für das Auto ein günstiges Angebot
_____.

m) Die Sache ist mir noch nicht klar. Ich kann mir noch
kein richtiges Bild _____.

n) Er hat mit dem Diebstahl nichts zu _____ ; da bin ich ganz sicher.

o) In dem Jahr hat die Firma gute Geschäfte _____ .

p) Jens hat mich nicht gegrüßt. Er _____ so, als ob er mich nicht kennt.

q) Produkte verkaufen sich besser, wenn man dafür Reklame _____ .

r) _____ was du willst, aber frage mich nicht mehr!

s) Er ist sehr ängstlich. Du mußt ihm Mut _____ .

t) Sie brauchen mir nicht zu danken. Ich habe als Arzt nur meine Pflicht _____ .

54. In jedem Satz fehlt ein Nomen!

Absicht		Beschäftigung		Handlung
Mühe	Plan		Tätigkeit	Werk

a) Bevor wir anfangen, müssen wir einen _____ machen.

b) Meine Tochter hat sich schon wieder erkältet. Ich glaube, das macht sie mit _____ , damit sie nicht zur Schule gehen muß.

c) □ Ich habe noch nie ein richtiges Essen gekocht.
   ○ Das lernst du schon; du mußt dir nur _____ geben.

d) Viele alte Leute holen sich einen Hund, damit sie nicht allein sind und eine _____ haben.

e) Gestern habe ich einen tollen Film gesehen. Soll ich dir die _____ erzählen?

f) Das finde ich sehr nett, daß du mir helfen willst. Du kannst den Hof kehren oder den Gartenzaun streichen; welche _____ ist dir lieber?

g) Kommst du mit in die Ausstellung? Es ist auch ein _____ von Picasso dabei.

$$2001 - 4000$$

55. Was paßt nicht?

a) ausführen: einen Plan, einen Auftrag, einen Befehl, ein Ziel

b) realisieren: einen Plan, ein Vorhaben, ein Glas Milch, eine Idee, ein Projekt

c) unternehmen: einen Ausflug ins Grüne, eine Reise, einen Verwandtenbesuch, ein Schwimmbad, eine Bootsfahrt

d) vornehmen: eine Angewohnheit, sich ein gesünderer Leben, sich einen langen Urlaub, sich einen Besuch beim Zahnarzt

e) organisieren: eine Veranstaltung, eine Party, die Vorbereitung einer Hochzeit, die Durchführung einer Verkehrsumleitung, den Weg zum Bahnhof

f) aushalten: Schmerzen, Spaß, Hunger, Kälte, Durst,

56. Jedes Verb paßt zu einer Wörterbucherklärung!

anstrengen	beachten	beabsichtigen
befassen	durchsetzen	

a) _____ : ⟨*sich mit etwas beschäftigen*⟩ sich mit einem Thema, einer Frage, Idee, einem Plan, einer Theorie ∼; sich mit einer Sache genau, lange, gründlich, gern, oft ∼

b) _____ : ⟨*tun, machen wollen*⟩ wir ∼, ein Boot zu kaufen; was ∼ Sie mit Ihrem Plan?; wir ∼, bald zu heiraten

c) _____ : ⟨*etwas erreichen*⟩ seinen
Willen, seine Meinung, seine
Pläne, Absichten, Ideen (gegen
etwas) ~; wir haben uns beim
Chef mit unseren Forderungen-
~ können (wir bekommen 6%
mehr Lohn)

d) _____ : **1.** ⟨*beanspruchen*⟩ den
Geist, seinen Kopf, alle Kräfte,
die Augen, die Muskeln ~
2. ⟨*sich Mühe geben*⟩ sie mußte
sich sehr ~, um die Prüfung zu
bestehen

e) _____ : ein Verbot, eine Vorschrift,
eine Regel, eine Warnung,
einen Ratschlag ~

57. Welches Nomen paßt?

a) Monika ißt immer sehr langsam und bewußt. Ich finde,
das ist eine gute _____ . *(Bemühung/
Aktivität/Angewohnheit)*

b) Mein Nachbar hat beim Tenniswettkampf einen Herzan-
fall bekommen. Die _____ war zuviel
für ihn. *(Überwindung/Durchführung/Anstrengung)*

c) Sie haben mir wirklich sehr geholfen. Wie kann ich
Ihnen für Ihre _____ danken? *(Ange-
wohnheit/Bemühung/Beachtung)*

d) Ich leide unter Höhenangst. Es kostet mich immer eine
große _____ , wenn ich über eine
Brücke gehen muß. *(Überwindung/Planung/Durchfüh-
rung)*

e) In der Stadtmitte soll ein großer Einkaufsmarkt gebaut
werden. Viele Bürger sind mit dieser
_____ nicht einverstanden. *(Planung/
Anstrengung/Beschäftigung)*

2.4 Bewegung und Ruhe   1–2000

58. Was tun die Personen auf den Bildern? (Schreiben Sie zu jedem Bild dazu, was er/sie macht.)

> Auto fahren
> auf einem Sofa liegen
> über einen Bach springen
> beim Skilaufen stürzen
> einen Ball treten
>
> sich auf einen Stuhl setzen
> zur Bushaltestelle rennen
> an einer Bar stehen
> auf den Bus warten
> spazieren gehen

a) *Er fährt Auto*

b) *Sie...*

c) _____

52

d) _____

e) _____

f) _____

g) _____

h) _____

i) _____

j) _____

59. In jedem Satz fehlt ein Verb!

ausruhen	dasein	befinden
beeilen	bleiben	kommen

a) Nach dieser langen Fahrt möchte ich mich erst ein biß-
   chen _____. Ich bin ziemlich müde.

b) _____ Brigitte mit dem Auto oder mit
   dem Zug?

c) Wir müssen uns _____, sonst kommen wir
   zu spät.

d) Ich _____ schon seit zwei Stunden
   _____! Warum kommst du erst jetzt?

e) Können Sie mir bitte sagen, wo sich Herr Jansen
   _____? In seinem Büro ist er nicht.

f) Ich würde gerne noch länger _____, aber es
   ist schon spät, und ich muß morgen sehr früh aufstehen.

60. In jedem Satz fehlt ein Nomen!

Aufenthalt	Eile	Ruhe
Schritt	Sprung	Bewegung

a) Wir laufen schon seit vier Stunden. Wenn du jetzt keine
   Pause machst, gehe ich keinen _____
   weiter.

b) Ich steige schnell aus und kaufe eine Zeitung. Der Zug
   hat hier fünfzehn Minuten _____.

c) Du kannst deinen Kaffee in _____ trinken;
   wir haben Zeit.

d) Ich habe Jochen in der Stadt getroffen. Leider konnten
   wir nur wenig reden; er war sehr in _____.

e) Holger sitzt den ganzen Tag im Büro, und wenn er nach
   Hause kommt, setzt er sich vor den Fernseher. Er wird
   immer dicker, weil ihm die _____ fehlt.

f) Warst du gestern beim Sportfest? Jürgen war der Beste.
   6,15 m – das war ein phantastischer _____!

61. ,Zurück-', ,weiter-', ,weg-' oder ,vorbei-'? Was paßt?

a) Gestern ist Elena an mir _____-gegangen, ohne
   mich zu grüßen.
b) Ich habe meine Tasche im Auto vergessen. Ich muß
   unbedingt _____-gehen und sie holen.
c) Wir können hier nicht stehenbleiben; wir müssen
   _____-gehen, sonst kommen wir zu spät.
d) Knut ist vor zwei Stunden _____-gegangen. Er
   kommt heute abend zurück.

62. Jedes Verb paßt zu einem Bild!

aufstehen	anlehnen	ausrutschen	fallen
klettern	kriechen	überqueren	sich umdrehen

2.5 Bewegen von Dingen und Lebewesen | 1–2000

53. Welches Verb paßt am besten?

| bringen | holen | schicken | stellen |

a) ein Glas aus dem Schrank
   ein Buch aus dem Regal
   das Bier aus dem Kühlschrank
   das Brot vom Bäcker } _____

b) ein Glas in den Schrank
   ein Buch ins Regal
   das Bier in den Kühlschrank
   das Fahrrad an die Wand } _____

c) ein Paket zur Post
einen Freund nach Hause
den Anzug in die Reinigung
dem Gast eine Suppe

} _____

d) ein Paket nach Spanien
einen Brief per Eilpost
den Eltern ein Telegramm
den Hund aus dem Zimmer

} _____

64. Jedes Verb paßt zu einem Bild!

drehen	hängen	rollen	schieben
tragen		wenden	werfen

a)

b)

c)

d)

e)

f)

g)

2001–4000

65. Jedes Verb paßt zu einem Bild! (,treiben' paßt zweimal, weil es zwei verschiedene Bedeutungen hat.)

schleppen	strömen	schütteln
schwimmen	treiben (1)	treiben (2)

a)

b)

c)

d)

e)

f)

2.6 Geben und Nehmen | 1 – 2000

66. Was paßt nicht?

a) empfangen: Gäste, ein Geschenk, einen Brief, einen
                 guten Geschmack, Geld, ein Telegramm
b) leisten: den Verletzten Hilfe, ein gutes Gehalt, gute
                 Arbeit, sich einen teuren Urlaub
c) verteilen: die Bücher in der Klasse, das Tischtuch
                 auf dem Tisch, Zeitungen in der Stadt,
                 Bonbons unter die Kinder
d) erhalten/   ein Paket von Christa, auf eine Frage keine
   bekommen: Antwort, Besuch, schnelles Arbeiten
e) sich ...   die Arbeit, die Temperatur, das Essen, die
   teilen: Wohnung
f) annehmen: eine schöne Erinnerung, eine neue Stelle,
                 Hilfe von Freunden, ein Geschenk, das
                 Tablett mit den Gläsern
g) verzichten: auf die Mittagspause, auf deine Hilfe, auf
                 einem Berg, auf deine dummen Rat-
                 schläge, auf eine Bezahlung

67. In jedem Satz fehlt ein Verb!

anbieten	bieten	danken	geben
haben	brauchen	nehmen	tauschen

a) Das Restaurant hier an der Ecke hat nicht viel zu
   _____ ; es gibt nur drei einfache Gerichte.
b) Wollen wir unsere belegten Brote nicht
   _____? Du nimmst mein Käsebrot, und ich
   esse dein Wurstbrot.
c) _____ du mir bitte den Pfeffer? Er steht
   links neben dir auf dem kleinen Tisch.
d) _____ Sie doch noch etwas Fleisch. Es ist
   genug da.

e) Darf ich Ihnen eine Zigarette _____?

f) Ich _____ dir für das Abendessen. Du bist wirklich ein guter Koch.

g) _____ wir noch Brot, oder müssen wir welches kaufen?

h) Ich _____ wirklich kein Auto; mein Büro ist nur zwei Straßen weiter, und ansonsten benutze ich die U-Bahn.

$$2001-4000$$

58. In jedem Satz fehlt ein Verb!

abgeben	aufteilen	benötigen	reichen	umtauschen
verleihen	verweigern	wegnehmen	zurückgeben	

a) Unsere Abteilung wurde geschlossen. Die Angestellten wurden auf die anderen Abteilungen _____ .

b) Wir müssen noch einkaufen, das Brot _____ nicht.

c) Du mußt dir keine Bohrmaschine kaufen. Die Firma Küppers _____ welche. Die Gebühr beträgt 10 DM pro Tag.

d) Kannst du mir das Buch über Elektrotechnik, das ich dir geliehen habe, nächste Woche _____?

e) ☐ Sie fahren doch bei der Firma Tetzloff vorbei. Könnten Sie dort bitte dieses Paket _____?
   ○ Selbstverständlich.

f) Wir _____ unbedingt eine neue Waschmaschine; die alte kann man nicht mehr reparieren.

g) Wenn Ihrem Mann das Hemd nicht gefällt, können Sie es innerhalb von 10 Tagen _____ .

h) Du mußt dem Kind das Messer _____ , das ist zu gefährlich.

i) Vor dem Gericht _____ der Angeklagte jede Aussage.

69. Welches Verb paßt zu den Wörterbucherklärungen?

| übergeben | überlassen | übernehmen | überreichen |

a) _____ : einer Person einen Preis, ein
   Geschenk, eine Urkunde ~

b) _____ : ein Geschäft, eine Arbeit, eine Auf-
   gabe, einen Auftrag ~; wir ~ eine Garantie von fünf
   Jahren; für diesen Schaden ~ wir keine Verantwortung

c) _____ : bitte ~ Sie diesen Brief Herrn
   Friedrichs persönlich; nächstes Jahr will er das
   Geschäft seiner Tochter ~; am 15. 8. müssen wir unsere
   Wohnung dem Nachmieter renoviert ~

d) _____ : **1.** während des Urlaubs ~ wir
   unserer Tochter das Auto; er hat mir die ganze Arbeit
   ~ **2.** das ist meine Sache, das mußt du schon mir ~,
   wie ich das mache; es ist mir ~, wann ich morgens
   anfange zu arbeiten

| 2.7 Umgang mit Dingen und Lebewesen | 1 – 2000 |

70. Zu jedem Bild paßt ein Verb!

biegen	drücken	gießen	graben	brechen	heben
sich kratzen	füllen	kleben	mahlen	stechen
schneiden	reiben	wechseln	wickeln	pressen

a)

b)

71. Welches Verb paßt?

| anwenden | mischen | hängen | zumachen/öffnen |
| aufräumen | | aufhören | stecken | abmachen |

a) die Jacke über den Stuhl
   den Mantel an die Garderobe
   die Lampe an die Decke
   das Regal an die Wand

   _____

b) die Farben richtig
   die Gewürze gut
   verschiedene Fruchtsäfte
   die Karten vor dem Spiel

   _____

c) meine Kenntnisse in der Praxis
   bei der Produktion eine neue
   Technik
   die Medizin genau nach Rezept
   eine Regel falsch

   _____

d) den Brief in den Briefkasten
   sich ein Stück Schokolade in den
   Mund
   die Brille in die Tasche
   Blumenzwiebeln in die Erde

   _____

e) den Mantel
   die Kellertür
   die Dose
   den Brief

   _____

f) das Zimmer
   den Schreibtisch
   die Werkstatt
   die Unordnung im Büro

   _____

g) mit der Arbeit um 16 Uhr
   mit dem Rauchen
   mit dem Schimpfen   } _____
   mit dem Lernen

h) die Briefmarke von der Postkarte
   den Dreck von den Schuhen
   das Preisschild von der Flasche   } _____
   das alte Türschild

2. Welches Verb paßt am besten?

finden	kürzen	sammeln
verhindern	verlieren	verstecken

a) Tasche, Geld, Papiere, weg: _____
b) Hose, zu lang, paßt nicht, Nähmaschine:

   _____
c) suchen, lange Zeit, verloren, wieder da, sich freuen:

   _____
d) Briefmarken, seit 20 Jahren, Hobby: _____
e) Unglück, Gefahr, warnen, nichts passiert:

   _____
f) geheim, Papiere, in einem Buch: _____

3. In jedem Satz fehlt ein Verb!

aufhalten	behandeln	gebrauchen	legen	leihen
schließen	treten	verwenden	wiegen	ziehen

a) Bevor wir gehen, müssen wir alle Fenster
   _____ . Es gibt wahrscheinlich ein Gewitter.
b) Ich habe jetzt keine Zeit zum Lesen. _____
   Sie die Zeitung bitte auf den Tisch.
c) Sie haben keine Hand frei. Warten Sie, ich werde Ihnen
   die Tür _____ .

d) □ Hast du die Kartoffeln schon _____?
    ○ Ja, es sind genau 10 Kilo.

e) Die Gartenbank kann auch im Winter draußen bleiben.
    Ich habe sie mit einem Holzschutzmittel _____.

f) Du hast die falschen Schrauben gekauft. Ich wollte viel
    längere; diese hier kann ich nicht _____.

g) □ Wir haben zuviel Butter eingekauft.
    ○ Das macht nichts; wir können einen Teil zum Backen
    _____.

h) Kannst du mir dein Fahrrad _____? Ich will
    nur schnell zur Post fahren.

i) So kannst du die Tür nicht öffnen. Du mußt
    _____, nicht drücken!

j) □ Warum hast du denn so nasse Schuhe?
    ○ Ich bin aus Versehen in eine Wasserpfütze _____.

74. In jedem Satz fehlt ein Nomen!

| Anwendung | Sammlung | Verbrauch | Verwendung |

a) Der _____ von Gas und Heizöl ist in den
letzten Jahren ständig gesunken.

b) Die _____ der neuen Produktionstechniken
macht noch große Probleme.

c) Das Deutsche Museum in München hat eine große
_____ alter Autos aus der Anfangszeit der
Autoproduktion.

d) Die _____ von chemischen Stoffen in deut-
schem Bier ist verboten.

75. Eine Ergänzung paßt nicht!

a) stoßen: sich den Kopf, den Freund ins Wasser,
                die Stange in die Erde, das Wasser

b) führen: einen Betrieb, den Stadtplan, das Kind
                an der Hand, beim Spiel mit 60 Punkten,
                den Hund an der Leine

c) leiten: ein Fahrrad, eine Abteilung, den Verkehr
                in eine andere Richtung, Wasser durch
                ein Rohr

d) trennen: zwei streitende Kinder, sich vom Ehe-
                partner, den Wollstoff in zwei Teile, das
                Frühstück

e) prüfen: die Qualität der Milch, den Schüler in
                Mathematik, die Angst vor der Prüfung,
                die Gasleitung

f) vorbereiten: die Brieftasche, sich auf die Prüfung,
                eine Reise, das Essen für den nächsten
                Tag

g) stören: die Ruhe im Haus, den Bruder beim
                Schlafen, die Haustür, die Nachbarn
                durch laute Musik

h) fangen: das Wetter, den Ball, Fische, einen Dieb

76. Vier Verben. Drei passen zusammen, eins paßt nicht dazu!

a) pflegen – festhalten – sorgen – sich kümmern
b) treten – fassen – halten – festhalten
c) schützen – versorgen – pflegen – leiten
d) warnen – aufpassen – dulden – retten
e) hindern – treffen – stören – im Weg stehen
f) ersetzen – gebrauchen – benutzen – verwenden
g) schaffen – gelingen – klappen – ändern
h) biegen – brechen – finden – drücken

77. Ein Adjektiv/Adverb paßt nicht!

a) berühren: leicht – dünn – vorsichtig – zufällig
b) festhalten: sicher – gut – dick – kräftig – vorsichtig –
                 lange
c) pflegen: sorgfältig – schwach – geduldig – gut
d) stören: schmal – stark – sehr – erheblich –
                 dauernd
e) treffen: genau – tödlich – gut – voll – groß
f) verändern: stark – ganz – langsam – scharf – leicht –
                 teilweise – vollständig – total
g) trennen: total – ordentlich – kalt – sorgfältig –
                 vorsichtig
h) prüfen: genau – dick – dauernd – ordentlich –
                 vollständig – streng
i) suchen: sorgfältig – ordentlich – schwach –
                 geduldig – genau

78. Welches Verb paßt?

dulden	schaffen	ersetzen	kümmern
pflegen	sorgen	treffen	versorgen

a) keinen Widerspruch
   keine Änderung
   keine Diskussion   _____
   keine Pause

b) sich allein um die Kinder
   sich um die Reisevorbereitungen
   sich um die kaputte Heizung   _____
   sich um Theaterkarten

c) die Zimmerpflanzen
   einen Kranken
   die Zähne   _____
   den Garten

d) die Holztreppe durch eine
   Steintreppe
   viele Angestellte durch Computer   } _____
   den Verlust
   die Fahrtkosten

e) Claudia um 9 Uhr
   Jens jeden Tag im Bus   } _____
   mit dem Ball ins Tor
   das Ziel genau

f) für eine schnelle Entscheidung
   sich um Sabines Gesundheit   } _____
   sich um die Zukunft
   für das Kind

g) die Unglücksopfer mit
   Medikamenten
   die Flüchtlinge mit Kleidung   } _____
   die Gäste mit Getränken
   die Patienten gut

h) den ganzen Tag im Garten
   den Schrank ins Wohnzimmer
   im Betrieb gute Arbeits-   } _____
   bedingungen
   eine Arbeit in zwei Stunden

79. In jedem Satz fehlt ein Nomen!

Gewohnheit	Verantwortung	Führung
Kontrolle	Pflege	Warnung	Vorsicht
Versprechen	Suche	Schwierigkeiten (Pl.)

a) Sie können das Museum nicht allein besichtigen. Die
   nächste _____ beginnt in 20 Minuten.

b) Hat Leo endlich eine Wohnung gefunden, oder ist er
   immer noch auf der _____?

c) Die Pflanze ist sehr schön, aber sie braucht viel
   _____.

d) An der Grenze gab es nur eine kurze (Paß-)
   _____, dann konnten wir weiterfahren.

e) Mein Vater trägt immer eine Mütze. Das ist eine alte
   _____.

f) Wir hatten große _____, ein Taxi zu
   bekommen.

g) Der Techniker trägt die _____ für den
   Unfall, weil er die Maschine nicht rechtzeitig kontrolliert
   hat.

h) Ihr wollt wirklich schon am Wochenende fahren? Habt
   ihr nicht die _____ der Verkehrspolizei
   gehört?

i) _____, die Straße ist glatt!

j) Jens hat gesagt, daß er in Zukunft früher aufstehen will.
   Ich glaube nicht, daß er dieses _____
   halten wird.

2001 – 4000

0. Welches Verb paßt?

a) Gestern abend hatten wir keinen Strom. Wir sind alle ins Wohnzimmer gegangen und haben eine Kerze
_____. *(anschalten/anzünden/verbrennen)*

b) □ Warum ist denn die Zeitung so kaputt?
○ Der Hund hat sie _____. *(zerreißen/reißen/verwandeln)*

c) Die Bettwäsche ist trocken, aber ich kann sie nicht alleine _____. Hilfst du mir bitte?
(hinlegen/überlegen/zusammenlegen)

d) Geh doch mal an die Tür. Ich glaube, jemand hat _____. *(klopfen/anfassen/schlagen)*

e) Dein Kleid ist sehr schön. Hast du es selbst _____? *(bilden/nähen/verwirklichen)*

f) □ Seid ihr mit der Renovierung eurer Wohnung schon fertig?
○ Nein, wir müssen noch die Wände im Bad _____. *(streichen/bedecken/zeichnen)*

g) Ich will noch ein paar Erbsen in die Suppe tun. Kannst du schon mal die Dose _____? *(lösen/aufstellen/aufmachen)*

h) Der Fehler war sehr schwer zu finden. Wir mußten den Motor völlig _____. *(auseinandernehmen/beschädigen/umrühren)*

i) Willst du nur das Würstchen essen, oder soll ich dir dazu eine Scheibe Brot _____? *(abschneiden/lösen/aufmachen)*

j) Wir haben nicht mehr genug Brennstoff für den Ofen. Du mußt morgen wieder Holz _____. *(zerbrechen/zerreißen/sägen)*

81. Was paßt nicht?

a) abschalten: den Fernseher, das Radio, die Kerze, die Maschine

b) aufheben (1): ein Geldstück, eine Frage, ein Taschentuch vom Boden, einen heruntergefallenen Bleistift

c) aufheben (2): alle Briefe, alte Zeitschriften; Rechnungen zwei Jahre lang, einen guten Gedanken

d) ausschalten: das Fenster, den Fernseher, das Radio, die Nachrichtensendung

e) befestigen/ festmachen: eine Blume im Haar, ein Boot am Ufer, Kerzen im Weihnachtsbaum, Nudeln in der Suppe

f) beseitigen: Abfälle, Schmutz, Flecken, Luft, Müll

g) falten: die Zeitung, das Holz, das Taschentuch, das Briefpapier

h) rühren: mit dem Löffel im Brei, in der Suppe, den Teig kräftig, die Wurst aufs Brot

i) steigern: den Fruchtsaft, die Miete, die Leistung, die Geschwindigkeit, die Wut

j) trocknen: die Wäsche, sich die Haare, den Regen, eine nasse Bluse

k) unterbrechen: die Uhrzeit, ein Gespräch, die Zugfahrt in Nürnberg, eine Reise

l) unterlassen: eine Frage, eine Bemerkung, einen Hund, notwendige Hilfe

m) vergießen: eine Tischdecke, Wein, Kaffee, Tränen

82. Vier Verben. Drei passen zusammen, eins paßt nicht dazu!

a) beschädigen – zerbrechen – zerreißen – spannen

b) aufstellen – zusammenbauen – aufmachen – aufbauen

c) senken – erhöhen – hinzufügen – verstärken

3. Was paßt nicht?

a) beaufsichtigen: die Kinder beim Spielen, die Überraschung, die Gefangenen, nachts den Park

b) betreuen: einen alten Mann, eine Reisegruppe, stundenweise ein Kleinkind, die Bemühung

c) erreichen: die Luft, rechtzeitig den Zug, ein Ziel, den Freund am Telefon

d) erteilen: Aufsicht, einen Befehl, eine Erlaubnis, Unterricht

e) erwischen: den Zug in letzter Minute, die letzte Kinokarte, einen Dieb, eine Prüfung

f) schimpfen: über das schlechte Wetter, mit den Kindern, mit einem Buch, über die Arbeit

g) unterstützen: einen Vorschlag, einen Fehler, eine Partei, einen armen Verwandten

h) verbergen: einen Berg, seine Augen hinter einer dunklen Brille, seine Angst, gestohlenes Geld

i) verbessern: ein Produkt, einen Fehler, die Arbeitsleistung, die Störung

j) vernachlässigen: das Wasser, die Kinder, die Familie, die Arbeit

k) versäumen: die Hälfte eines Films, das Wetter, den Zug, zwei Unterrichtsstunden

l) verwöhnen: die Prüfung, das einzige Kind zu sehr, den Ehepartner mit seinen Kochkünsten, sich selbst

84. Welches Verb paßt?

a) □ Spielst du noch jeden Samstag Tennis?
   ○ Nein, das habe ich _____. *(nachgeben/ aufgeben/abgeben)*

b) Meine Kollegin _____ drei Fremdsprachen. *(beherrschen/wissen/kennen)*

c) Lena ist eine nette Kollegin, aber sehr schüchtern. Wir müssen sie mehr in unsere Gespräche _____ _____. *(einbeziehen/einziehen/einführen)*

d) Meine Großmutter kann nicht mehr alleine laufen; man muß sie _____. *(fördern/beaufsichtigen/ stützen)*

e) Vorsicht, diese Flasche _____ ein Pflanzen-gift! *(anhalten/enthalten/festhalten)*

f) So ein Pech! Ich habe den Pullover zu heiß gewaschen; jetzt ist er _____. *(eingehen/ausgehen/weg-gehen)*

g) Mein Freund kann sehr gut Vogelstimmen _____. *(aufgeben/nachgeben/nachahmen)*

h) Jochen wollte unbedingt einen Hund haben. Schließlich haben seine Eltern _____. *(nachgeben/weg-geben/übergeben)*

i) □ Warum hast du die Tischdecke _____?
   ○ Weil auf der anderen Seite ein Fleck ist. *(umdrehen/ abdrehen/aufdrehen)*

j) Herr Maas ist ein beliebter Lehrer. Er kann sehr gut mit Kindern _____. *(eingehen/umgehen/weg-gehen)*

k) Eine Glastür _____ die Küche mit dem Eßzimmer. *(verbinden/anbinden/vermitteln)*

l) Sag deiner Schwester nicht, daß ich komme. Ich will sie _____. *(überprüfen/übersehen/überraschen)*

5. Was paßt zusammen?

a) Prüfung   A) fühlen, spüren, auf der Haut, mit den Händen

b) Störung   B) Examen, Note, Angst haben, viel lernen

c) Überraschung   C) Abschied nehmen, weggehen, sich nicht mehr sehen, allein sein

d) Berührung   D) helfen, unterstützen, Leistung verbessern

e) Förderung   E) nachsehen, kontrollieren, testen

f) Trennung   F) Aufregung, Freude, nicht gewußt, nicht daran gedacht

g) Überprüfung   G) technischer Fehler, funktioniert nicht richtig, kaputt, Reparatur

a	b	c	d	e	f	g

2.8 Lernen und Wissen   1–2000

6. Vier Nomen. Drei passen zusammen, eins paßt nicht dazu!

a) Begabung – Fähigkeit – Wissen – Zeile

b) Regal – Buchstabe – Wort – Satz

c) Forschung – Korrektur – Wissenschaft – Theorie

d) Theorie – Regal – Buch – Bibliothek

e) Probe – Versuch – Buchstabe – Test

f) Buch – Begriff – Zeile – Seite

g) Lehrer – Korrektur – Fehler – Bibliothek

h) Rechnung – Idee – Gedanke – Überlegung

i) Wissenschaftler – Lehrer – Student – Seite

j) Regal – Wort – Begriff – Bedeutung

87. Welches Nomen paßt?

> Seite   Fähigkeit   Bibliothek   Wissenschaftler
> Theorie   Rechnung

a) Schule – Lehrer : Universität – _____
b) Auto – Garage : Buch – _____
c) Wörter – Lesetext : Zahlen – _____
d) Maler – Bild : Wissenschaftler – _____
e) Wissen – Bildung : Können – _____
f) Buchstabe – Wort : Zeile – _____

88. In jedem Satz fehlt ein Nomen!

> Beispiel   Bildung   Fach
> Fortschritte (Pl.)   Geschichte   Naturwissenschaft

a) Er interessiert sich sehr für _____ ;
   später will er Physiker werden.
b) Es gibt viele deutsche Wörter, die zwei oder mehr
   Bedeutungen haben. Das Nomen ‚Bank' ist dafür ein

   _____ .
c) Jens lernt Tag und Nacht für seine Prüfung; er macht
   gute _____ .
d) □ Welches _____ macht dir in der
     Schule am meisten Spaß?
   ○ Am liebsten habe ich Biologie.
e) Man muß wissen, wie die europäischen Hauptstädte hei-
   ßen. Das gehört zur allgemeinen

   _____ .
f) Ich muß noch etwas über das Mittelalter lesen. Morgen
   haben wir eine Prüfung in _____ .

39. Was paßt zusammen?

a) aufschreiben   A) Buch, Zeitung, Illustrierte, Brille
b) sich erinnern   B) Fehler, verbessern, Lehrer, Schule
c) korrigieren   C) Hand, Kugelschreiber, Papier, Notiz
d) lernen   D) Information, neu, hören
e) lesen   E) neues Wissen, üben, behalten, fleißig sein
f) erfahren   F) gut können, Fremdsprache, Regeln eines Spiels
g) beherrschen   G) noch wissen, wieder wissen, nicht vergessen haben
h) bedeuten   H) Sinn, Inhalt, Wort, Satz, verstehen

a	b	c	d	e	f	g	h

2001–4000

40. Hier fehlen Buchstaben! (Wie heißen die Fächer, die man an der Universität studieren kann?)

a) Ch . . . e   b) Ge . . an . . tik   c) Ph . . osoph . .
d) . . ysik   e) Bi . . ogie   f) Geo . . . phie

41. Zwei Nomen haben eine ähnliche Bedeutung!

a) Bibliothek   A) Erfindung
b) Geographie   B) Band
c) Buch (einer Reihe)   C) Autor
d) Verfasser   D) praktische Erfahrung
e) Konzentration   E) Untersuchung
f) Erforschung   F) Aufmerksamkeit
g) Forscher   G) Erdkunde
h) These   H) Wissenschaftler
i) Entdeckung   I) Theorie
j) Praxis   J) Bücherei

a	b	c	d	e	f	g	h	i	j

92. Welches Nomen paßt?

a) Ich muß mir etwas aufschreiben. Kannst du mir bitte ein
_____ Papier geben? *(Band/Buch/Blatt)*

b) Die chemische _____ für Wasser ist H_2O.
(Formel/Tabelle/Übersetzung)

c) Also, wir treffen uns am nächsten Dienstag um 14 Uhr.
Ich mache mir gleich eine _____ in meinen
Kalender, damit ich es nicht vergesse. *(Wort/Notiz/Zeile)*

d) Sei vorsichtig! Du hast zwar jetzt deinen Führerschein,
aber richtig fahren lernt man erst durch die
_____. *(Theorie/Praxis/Entdeckung)*

e) Der Verfasser hat das Buch auf arabisch geschrieben.
Leider gibt es noch keine deutsche _____.
(Übersetzung/Überschrift/Überlegung)

93. Was paßt nicht?

a) vorlesen: ein Buch, ein Gespräch, ein
Märchen, ein Gedicht

b) übersetzen: eine Bücherei, ein Buch, einen
Brief aus dem Englischen ins
Deutsche, einen Roman

c) sich konzentrieren: auf die Arbeit, auf ein Buch, beim
Lernen, beim Schlafen

d) imstande sein: zu bedeuten, konzentriert zu
arbeiten, ein Buch an einem Tag
zu lesen, ohne Fehler zu schrei-
ben

e) entdecken: etwas Neues, ein Land, einen
Stern, den Überblick

3 Sprache und Sprechabsichten

3.1 Allgemeines | 1–2000

94. Zu jedem Wort paßt ein Gegenteil.

a) sprechen

b) fragen

c) Frage

d) laut

e) aufgeregt

| leise |
| schweigen |
| ruhig |
| antworten |
| Antwort |

2001–4000

95. Was paßt?

a) Ich kann ihn schlecht verstehen, wenn er spricht. Er hat eine sehr undeutliche _____.
(Aussprache/Verständigung/Besprechung)

b) Das englische ‚th' ist für Deutsche ein schwieriger _____. *(Buchstabe/Ton/Laut)*

c) □ Worüber habt ihr gerade gelacht?
○ Manfred hat einen _____ erzählt.
(Spaß/Witz/Humor)

d) Gestern habe ich mit meiner Schwester in New York telefoniert. Leider war die _____ nicht so gut. *(Aussprache/Verständigung/Aussage)*

e) Ich weiß, daß Sie eine andere Meinung vertreten. Aber Sie sollten sich meine Argumente wenigstens _____. *(anhören/zuhören/ansehen)*

f) Angelika hat heute noch kein Wort gesprochen. Warum ist sie denn so _____? *(leise/wortlos/schweigsam)*

3.2 Sprechen | 1—2000

96. In jedem Satz fehlt ein Nomen!

| Aussage | Bemerkung | Gespräch | Ausdruck |
| Muttersprache | | Mitteilung | Stimme |

a) Sie lebt erst zwei Jahre in Spanien, aber sie spricht Spanisch schon fast so gut wie ihre _____ .

b) Der Angeklagte behauptet vor Gericht, daß er nicht schneller als 50 km/h gefahren ist. Der Staatsanwalt hält diese _____ für falsch.

c) Ich kenne ihn nur durch zwei Telefongespräche. Jedenfalls hat er eine angenehme _____ .

d) Gisela ist beleidigt, weil Jochen eine freche _____ über ihren neuen Hut gemacht hat.

e) Bevor ich mich entscheiden kann, habe ich noch einige Fragen. Wann hätten Sie Zeit für ein _____?

f) ‚Geographie' ist der wissenschaftliche _____ für ‚Erdkunde'.

g) Ab nächsten Monat müssen wir eine höhere Wohnungsmiete bezahlen. Gestern haben wir die _____ bekommen.

97. Welches Verb paßt?

a) □ Stimmt es, daß deine Eltern in Argentinien leben? Wie kommt das denn?
   ○ Das ist eine lange Geschichte. Heute abend kann ich dir das in Ruhe _____ . *(sprechen/erzählen/mitteilen)*

b) Frank ist beleidigt; seit Tagen _____ er nicht mit mir. *(sprechen/sagen/erzählen)*

c) □ Weißt du, ob Sabine ihren Freund mitbringt?
   ○ Nein, sie hat mir nichts _____ . *(reden/sprechen/sagen)*

d) Gestern hatte meine Großmutter Besuch von einer Freundin. Die beiden haben nur über ihre Krankheiten _____ . *(reden/sagen/wiederholen)*

e) Ich habe Sie leider nicht ganz verstanden. Können Sie Ihre Frage bitte noch einmal _____ . *(wiederholen/erzählen/mitteilen)*

f) Da liegt ein alter Mann auf der Straße. Wir müssen schnell einen Arzt _____ . *(mitteilen/rufen/telephonieren)*

g) Nächste Woche bekomme ich ein Telefon. Ich werde Ihnen dann sofort meine Nummer _____ . *(bemerken/wiederholen/mitteilen)*

$$2001-4000$$

98. Zu welcher Wörterbucherklärung passen die Verben?

| vereinbaren | schildern | besprechen |
| benachrichtigen | ausdrücken | |

a) _____ : sich gut, schlecht, deutlich, undeutlich, klar, kompliziert, einfach, verständlich ~; kann man diese Sache nicht einfacher ~?; ich weiß nicht, wie ich es ~ soll

b) _____ : ein Problem, eine Frage, einen Plan genau, gründlich ~; das muß ich zuerst mit meiner Frau ~

c) _____ : ein Erlebnis, einen Vorgang, Eindrücke ~; der Zeuge konnte den Unfall genau ~; ich kann Ihnen kaum ~, wie ich mich über den Brief geärgert habe

d) _____ : über unsere Entscheidung
werden wir sie sofort ~; ~ Sie
sofort einen Krankenwagen, an
der Ecke ist ein Unfall passiert; ~
Sie mich bitte, wenn Herr Tanner
zurückkommt

e) _____ : einen Termin, einen Treffpunkt
~; wir müssen noch ~, wann die
Ware bezahlt werden soll

9. Finden Sie eine Reihenfolge für diese Verben? (Lautstärke)

a) flüstern b) schreien c) rufen d) sprechen
e) schweigen

0. Was paßt zusammen?

a) betonen	A)	leise und undeutlich mit sich selbst sprechen
b) ankündigen	B)	bekanntgeben, was gleich oder demnächst passieren (kommen, stattfinden) wird
c) sich versprechen	C)	ganz leise mit jemandem sprechen
d) murmeln	D)	ein Wortteil, ein Wort, einen Satz mit der Stimme hervorheben
e) flüstern	E)	etwas falsch aussprechen; aus Versehen einen Fehler beim Sprechen machen

a	b	c	d	e

101. In jedem Satz fehlt ein Nomen!

> Besprechung/Unterredung   Schrei   Anmerkung
>   Schilderung   Vereinbarung

a) Dr. Ritter gibt heute eine _____ seiner
   Reise durch die Sahara.
b) Bitte rufen Sie in einer Stunde wieder an. Herr Maler ist
   gerade in einer _____.
c) Sie hat während des ganzen Gesprächs nicht viel
   gesagt. Nur ab und zu hat sie eine kurze
   _____ gemacht.
d) Ich habe einen _____ gehört! Viel-
   leicht braucht jemand Hilfe.
e) Sie hat unsere _____ gebrochen.

3.3 Schreiben und Lesen   1–4000

102. Welches Wort paßt?

a) Ich kann den Brief kaum lesen. Mein Bruder hat wirklich
   eine furchtbar schlechte _____.
   (Sprache/Schrift/Rechtschreibung)
b) Ihre Tochter ist eine gute Schülerin, nur beim Schreiben
   macht sie noch viele Fehler. Sie sollte jeden Tag eine
   halbe Stunde _____ üben. *(Recht-
   schreibung/Schrift/Gutschrift)*
c) □ Kannst du mir einen Kugelschreiber geben?
   ○ Ich habe leider keinen. Möchtest du stattdessen einen
   _____? *(Zettel/Radiergummi/Bleistift)*
d) Der Prüfungstermin ist am 26. Mai. Ich muß mich dazu
   _____ anmelden. *(schriftlich/wörtlich/
   verständlich)*
e) Diese Seiten hat der Dichter kurz vor seinem Tod
   geschrieben. Leider ist das meiste _____.
   (unsichtbar/unlesbar/blind)

3.4 Auskunft | 1–2000

3. Welches Verb paßt?

zeigen	erklären	informieren
berichten	melden	beschreiben

a) über die Veranstaltung
im Radio vom Treffen der
Präsidenten
von einem Urlaubserlebnis
vom Ergebnis des Gesprächs } ———————

b) den Grund meiner Verspätung
die Bedeutung des Satzes
die Ursache der Krankheit
den Unterschied zwischen den
Medikamenten } ———————

c) den Unfall bei der Versicherung
die Störung der Heizung beim
Vermieter
den Diebstahl bei der Polizei
im Radio eine Verkehrsstörung } ———————

d) sich über die neuen Gesetze
sich über einen neuen Computer
die Kollegen über die neuen
Arbeitszeiten
den Geschäftspartner über ein
neues Produkt } ———————

e) das Aussehen meiner Freundin
den Weg zur Post
dem Arzt die Schmerzen
die neue Wohnung } ———————

f) mit dem Finger auf eine Straße im
   Stadtplan
   dem Hotelgast sein Zimmer   ⎫
   dem Freund ein Urlaubsfoto   ⎬   _____
   den Touristen das Stadtmuseum   ⎭

104. In jedem Satz fehlt ein Nomen!

Auskunft	Information	Erklärung	Bericht
Nachricht	Neuigkeiten(Pl.)	Beschreibung	Rat

a) ☐ Verzeihung, wo ist die nächste Haltestelle der
     U-Bahn?
   ○ Ich kann Ihnen leider keine _____
     geben, weil ich hier selbst fremd bin.

b) ☐ Du hast aber lange mit deiner Schwester telefoniert!
   ○ Sie wußte so viele interessante _____ .

c) Wenn ich eine Dienstreise mache, muß ich anschließend
   einen _____ für den Chef schreiben.

d) Seit wir in unserer neuen Wohnung wohnen, sind die
   Kinder ständig erkältet. Ich verstehe das nicht; ich habe
   wirklich keine vernünftige _____
   dafür.

e) ☐ Mein Arzt hat mir gesagt, daß ich wegen meiner Rük-
     kenschmerzen täglich eine halbe Stunde schwimmen
     sollte.
   ○ Das ist ein kluger _____ , finde ich.

f) Ich habe die Straße nicht gefunden. Deine (Weg –)
   _____ muß falsch gewesen sein.

g) Ich habe leider eine schlechte _____
   für Sie. Ihr Mann hatte einen schweren Unfall.

h) ☐ Vor 7 Uhr servieren wir hier im Hotel kein Frühstück.
     Aber um die Ecke ist ein Cafe, das hat schon um
     6 Uhr auf.
   ○ Vielen Dank für die _____ .

2001−4000

5. Was paßt nicht?

a) beantworten: ein Wort, einen Brief, eine Frage, einen Anruf

b) beraten: einen Kunden, einen Tip, einen Patienten, die Schüler bei der Berufswahl

c) sich erkundigen: nach einem Bekannten, nach den Abfahrtszeiten der Busse, nach Inge, nach Hause

d) verraten: ein Geheimnis, die Rechtschreibung, ein Versteck, eine geheime Information

e) unterrichten: den Chef über eine Änderung im Terminplan, den Kollegen über eine Unterredung, den Geschäftspartner über den Verkaufserfolg, die Wohnung über der Bäckerei

3.5 Meinungsäußerung 1−2000

6. Ergänzen Sie die Nomen ‚Meinung‘, ‚Ansicht‘ und ‚Standpunkt‘.

Diese drei Wörter haben eine sehr ähnliche Bedeutung. Man verwendet sie aber zum Teil in unterschiedlichen grammatischen Konstruktionen. In den folgenden Sätzen passen ein, zwei oder drei Wörter.

a) Ich bin de____ _____, daß es bald regnen wird.

b) Ich glaube nicht, daß er sein____ _____ ändern wird.

c) Ich stehe auf de_____ _____, daß Kaffee
   ungesund ist.
d) Jochen ist schon wieder zu spät gekommen. Da habe
   ich ihm mal deutlich d_____ _____ gesagt.
e) Nach mein_____ _____ ist das eine gute
   Idee.
f) Sie sagt immer ganz offen ihr_____ _____.
g) Versuchen Sie doch einmal, die ganze Sache von
   mein_____ _____ aus zu sehen!

107. Welches Verb paßt?

a) □ Wann haben Sie denn _____, daß Ihr
     Auto gestohlen wurde?
   ○ Das war gestern abend gegen 10 Uhr. *(meinen/fest-
     stellen/beurteilen)*
b) In diesem Restaurant habe ich immer sehr gut gegessen; ich kann es dir wirklich _____. *(emp-
   fehlen/begründen/meinen)*
c) □ In unserer Firma sollen zwei Mitarbeiter entlassen
     werden.
   ○ Und wie hat man diese Entscheidung _____?
     (empfehlen/entscheiden/begründen)
d) □ Ich finde, daß unsere neuen Nachbarn sehr nett sind.
   ○ Das _____ ich auch. *(meinen/empfehlen/
     beurteilen)*
e) □ Ihr habt euch ja doch ein neues Auto gekauft.
   ○ Ich finde immer noch, daß der alte Wagen gut genug
     war; aber Jens hat mich _____. *(überzeu-
     gen/überreden/begründen)*
f) □ Wolltest du nicht einen Hund haben?
   ○ Eigentlich schon, aber mein Mann hat mich
     _____, daß wir zu wenig Zeit für ein Tier haben.
     (entscheiden/überreden/überzeugen)

2001–4000

8. In jedem Satz fehlt ein Adjektiv!

sachlich   selbstverständlch   ungewöhnlich   unerwartet

a) Das Hochwasser kam für die Bewohner der Insel ganz
   _____. Das Wetteramt hatte vorher
   keine Warnung gegeben.

b) Natürlich helfen wir dir beim Umziehen in die neue
   Wohnung. Das ist doch _____.

c) Normalerweise hat Sabine erst um 17 Uhr Feierabend.
   Es ist _____, daß sie heute schon um
   15 Uhr zu Hause ist.

d) Die Diskussionsteilnehmer haben sich gegenseitig ange-
   schrien und persönlich beleidigt. Warum können diese
   Leute nicht fair und _____ miteinander
   reden, frage ich mich.

9. Welches Adverb paßt?

a) Frank ist bald mit der Schule fertig und muß sich des-
   halb für einen Beruf entscheiden. Er überlegt sich, ob er
   Koch werden soll. Einerseits ist das eine interessante
   Tätigkeit, _____ sind die Arbeitszeiten
   sehr ungünstig. *(ohnehin/gewissermaßen/andererseits)*

b) Ich habe heute keine Lust, ins Kino zu gehen. Den Film
   habe ich _____ schon gesehen.
   (sowieso/andererseits/sozusagen)

c) □ Wohnt der Student aus Indien immer noch bei euch
     in Untermiete?
   ○ Natürlich. Wir mögen ihn sehr; er gehört
       _____ zur Familie. *(ohnehin/*
   allerdings/gewissermaßen)

d) □ Hast du Zeit, mit mir einen Kaffee zu trinken?

   ○ Zeit habe ich schon. Ich weiß _____
nicht, ob hier ein Café in der Nähe ist. *(allerdings/
ohnehin/sozusagen)*

e) □ Es ist schon nach Mitternacht. Wollen wir nicht nach
Hause gehen?

   ○ Ich möchte gern noch ein bißchen bleiben. Die letzte
Straßenbahn ist _____ schon weg.
(einerseits/gewissermaßen/ohnehin)

**110. Abends in einem Studentenlokal. Klaus fühlt sich
durch den Zigarettenrauch gestört; er sagt, daß man
das Rauchen gesetzlich verbieten sollte. (Ergänzen
Sie die fehlenden Nomen. Einige Nomen passen öfter;
manchmal passen zwei oder drei an der gleichen
Stelle.)**

> Auffassung   Überzeugung   Argument   Urteil
> Stellungnahme   Einstellung

Marion: Klaus hat recht. Ich bin auch der
(a)_____, daß das Rauchen
eine scheußliche Gewohnheit ist.

Frank: Aber man kann es den Leuten doch nicht einfach
verbieten. Schließlich leben wir in einer freien Ge-
sellschaft.

Marion: Das ist doch kein (b)_____.
Die Freiheit muß aufhören, wenn man sich oder
seinen Mitmenschen schadet.

Frank: Willst du dir wirklich ein
(c)_____ darüber erlauben, ob
die Leute rauchen dürfen oder nicht? Das meinst
du doch nicht ernst!

Klaus: Marions (d)_____ ist absolut
richtig. Jeder weiß, wie gefährlich das Rauchen
für die Gesundheit ist.

Frank: Zuviel Alkohol ist auch ungesund. Willst du das
Trinken dann auch verbieten? Mit eurer
(e)_____ könnte man prak-
tisch alles verbieten.

Marion: Vielleicht hast du recht. Ein Verbot ist wahrschein-
lich keine gute Lösung. Was meinst du denn, Eva?
Du hast dazu noch gar keine
(f)_____ abgegeben.

Eva: Was soll ich dazu sagen? Ich bin doch selbst eine
starke Raucherin. Außerdem finde ich diese ganze
Diskussion unsinnig. Glaubt ihr wirklich, daß man
das Rauchen verbieten könnte? Ich bin der festen
(g)_____, daß wir dann sofort
einen Bürgerkrieg hätten.

Klaus: Natürlich kann man das Rauchen nicht sofort völ-
lig verbieten, das ist klar. Aber man könnte ...

3.6 Zustimmung und Ablehnung | 1-2000

111. In jedem Satz fehlt ein Wort!

einverstanden	meinetwegen	unbedingt
dennoch	gegen	egal	lieber

a) Es gibt kaum noch Hoffnung, daß man weitere Über-
lebende des Schiffsunglücks findet.

_____ suchen die Rettungsboote Tag
und Nacht weiter.

b) Nur 23% der Angestellten sind mit dem Ergebnis der
Lohnverhandlungen unzufrieden. Die große Mehrheit ist
damit _____ .

c) Nur 13% sind _____ das Ergebnis der
Verhandlungen, 87% sind dafür.

d) □ Kann ich morgen euer Auto haben?

○ _____ ja, aber deine Mutter ist
bestimmt dagegen.

e) Ich muß _____ sofort mit Herrn Noris
sprechen. Es ist sehr wichtig.

f) Die Farbe des Autos ist mir _____ .
Wichtig ist nur, daß ich nicht so lange darauf warten
muß.

g) Was möchtest du trinken? Kaffe oder

_____ Tee?

2. Welches Verb paßt wohin?

> beschweren wählen zugeben
> widersprechen ablehnen

a) – sich beim Chef über
  den Kollegen
  – sich über den Lärm
  – sich über die schlechte
  Bedienung
  – sich über die kalte Suppe
  _____

b) – einer Behauptung
  – der Meinung des Lehrers
  – einem ungerechten Vorwurf
  – der Kritik an einem
  Kollegen
  _____

c) – eine Einladung zum Essen
  – das Angebot des Autohändlers
  – einen Vorschlag
  – die Verantwortung für
  einen Schaden
  _____

d) – am Telefon eine falsche
  Nummer
  – das teuerste Gericht auf
  der Speisekarte
  – zwischen vier verschiedenen
  Möglichkeiten
  – den besseren Politiker
  _____

e) – einen Fehler
  – einen Irrtum
  – einen Diebstahl
  – ein Versehen
  _____

2001–4000

113. Welches Nomen paßt am besten?

> Zustimmung   Beschwerde   Bedenken
> Ablehnung   Wahl

a) verschiedene Möglichkeiten haben, sich entscheiden:
_____

b) ja sagen, einverstanden sein, dafür sein:
_____

c) Argumente dagegen haben, zweifeln, nicht sicher sein:
_____

d) dagegen sein, nicht einverstanden sein:
_____

e) etwas kritisieren, schimpfen, ärgerlich sein:
_____

114. Ordnen Sie die Nomen.

Klage	a) Einigung	b) Ablehnung
Protest		
Übereinstimmung		
Kompromiß		
Übereinkunft		
Vorwurf		

115. Welches Verb paßt?

a) Ich habe ganz klare Beweise; das Gericht muß meine
   Klage _____. *(anerkennen/bestreiten/
   bedenken)*

b) Bitte _____ Sie meinen Vorschlag
   noch einmal! *(erwidern/bedenken/bestreiten)*

c) ☐ Mein Chef hat mich gefragt, ob ich für ein Jahr im
   Ausland arbeiten will.
   ○ Und was hast du_____? *(bedenken/
   widersprechen/erwidern)*

d) Die Verhandlungspartner stehen kurz vor einer Eini-
   gung. In den wesentlichen Punkten _____
   sie jetzt_____.*(zugeben/übereinstim-
   men/feststellen)*

3.7 Gewißheit und Zweifel   1–2000

6. Ordnen Sie die Adverbien.

anscheinend	möglicherweise	vermutlich
wohl	gewiß	bestimmt
eventuell	voraussichtlich	tatsächlich

a) sicher	b) wahrscheinlich/vielleicht

7. In jedem Satz fehlt ein Nomen!

Frage	Zweifel	Irrtum	Annahme
Eindruck		Möglichkeit	Sicherheit

a) Ich habe den _____ , daß es bald regnen
   wird.

b) Für die _____ , daß es bald einen Kompro-
   miß geben wird, gibt es keine Beweise.

c) Da stellt sich für mich die _____ , ob diese
   Entscheidung wirklich richtig war.

d) Ich bin sehr im _____ , ob er wirklich die Wahrheit sagt.

e) Es besteht die _____ , daß wir heute noch zu einem Ergebnis kommen.

f) Ich glaube nicht, daß die Kollegin Geld gestohlen hat. Das muß ein _____ sein!

g) Vielleicht habe ich nächste Woche einen freien Tag, aber ich kann es noch nicht mit _____ sagen.

118. Wie passen die Dialogteile am besten zusammen?

a) Weißt du das sicher?	A) Sicher, das klappt bestimmt!
b) Ist das Radio kaputt?	B) Hoffentlich irrt er sich.
c) Klaus behauptet, daß unsere Firma bald schließen muß.	C) Vielleicht glaubt sie, daß sie noch etwas Besseres findet.
d) Maria findet die neue Kollegin unsympathisch. Kannst du das bestätigen?	D) Nein, aber ich glaube es. vermute es. nehme es an.
e) Hast du auch gehört, daß Eva und Gerd bald heiraten?	E) Ich bin nicht sicher, aber es scheint so.
f) Hoffentlich besteht Elke die Abschlußprüfung.	F) Ja, ich mag sie auch nicht.
g) Will Carla die Stelle nicht annehmen, oder warum zögert sie so lange?	G) Ja. Die beiden leugnen es zwar noch, aber es wird wohl stimmen.

a	b	c	d	e	f	g

2001–4000

9. Welches Verb paßt?

a) Die Antwort auf eine Prüfungsfrage habe ich nicht
gewußt, aber ich habe sie richtig _____.
(deuten/klären/erraten)

b) Sie behaupten, daß dieser Mann ein Dieb ist. Können
Sie das auch _____? *(beweisen/bezweifeln/
klären)*

c) Für die Busreise nach Italien sind nur noch wenige
Plätze frei. Wenn Sie mitkommen wollen, müssen Sie
sich schnell _____. *(irren/entschließen/zö-
gern)*

d) Die Operation ist eigentlich nicht gefährlich, aber man
kann natürlich nicht ganz _____, daß doch
etwas passiert. *(bezweifeln/leugnen/ausschließen)*

e) Unsere Nachbarn haben angeblich im Lotto eine Million
gewonnen, aber ich _____, daß das stimmt.
(beweisen/bezweifeln/leugnen)

f) ☐ _____ mal, wer heute abend zu Besuch
kommt. *(klären/raten/glauben)*
   ○ Inge? Gerd? Maria? Deine Eltern? Ich weiß sonst nie-
   manden; sag es mir doch bitte!

g) Bevor wir zu einer Entscheidung kommen, müssen noch
einige wichtige Fragen _____ werden.
(klären/ausschließen/vermuten)

120. Wie passen die Dialoge am besten zusammen?

a)	Ich kann Gerd nicht finden. Hast du eine Ahnung, wo er ist?
b)	Ist es nicht ein Wunder, daß er den Unfall überlebt hat?
c)	Weißt du schon, wer unser neuer Chef wird?
d)	Heißt dein Freund tatsächlich ‚Teddy'?

A)	Nein, das ist offenbar noch ein Geheimnis.
B)	Er hatte zweifellos ein unglaubliches Glück.
C)	Nein, in Wirklichkeit ist sein Name Wolfgang.
D)	Es ist denkbar, daß er schon nach Hause gegangen ist.

a	b	c	d

3.8 Positive Wertung und Neutralität

1–2000

121. Wie heißt das Gegenteil?

a) einfach

b) gut

c) günstig

d) lustig

e) normal

f) notwendig

g) nützlich

h) nötig

i) positiv

j) richtig

k) spannend

l) sympathisch

A) langweilig

B) negativ

C) traurig

D) ungewöhnlich

E) überflüssig

F) ungünstig

G) schwierig, schwer

H) unsympathisch

I) schlecht

J) unnötig

K) falsch

L) nutzlos

a	b	c	d	e	f	g	h	i	j	k	l

122. Was paßt nicht?

a) sympathisch: die Kollegin, Peters Mutter, der Tisch, deine Frau

b) echt: der Geldschein, der Gedanke, seine Liebe, das Gemälde von Picasso

c) nützlich: der Himmel, dieses Werkzeug, ihr Rat, die neue Maschine

d) spannend: der Film, das Fußballspiel, das Buch, der Pullover

e) lustig: das Kind, die Temperatur, die Feier, der Witz

f) herrlich: das Wetter, der Urlaub, das Problem, die Aussicht

123. Welches Nomen paßt zu welchem Satz?

Vorteil	Widerspruch	Wahrheit	Lob

a) Seien Sie ehrlich, und geben Sie zu, daß Sie die Tasche gestohlen haben. _____

b) ‚Ich bin mit Ihrer Arbeit sehr zufrieden', sagte die Chefin. _____

c) Es ist viel billiger, die größere Packung zu nehmen. _____

d) Das verstehe ich nicht. Gestern hast du genau das Gegenteil behauptet. _____

124. In jedem Satz fehlt ein Verb!

wundern	vorziehen	verdienen	mögen
lohnen	loben	halten	bewundern	gefallen

a) Seine Bilder sind sehr schön. Ich _____ ihn für einen guten Maler.

b) Gerade habe ich gemerkt, daß das Telefon kaputt ist. Ich hatte mich schon _____, daß niemand anrief.

c) Die Ausstellung war sehr interessant; der Besuch hat sich wirklich _____.

d) ☐ Wie hat dir das Buch _____?
   ○ Recht gut.

e) Im Urlaub sind wir ganz früh aufgestanden, um den Sonnenaufgang über dem Meer zu _____.

f) Manchmal trinke ich Bier zum Essen, aber meistens _____ ich Wein _____.

g) ☐ Findest du Frank sympathisch?
   ○ Nein, ich _____ ihn nicht.

h) Ich habe heute mit Evas Lehrerin gesprochen. Sie hat unsere Tochter sehr _____.

i) Alle Kollegen reden schlecht über ihn. Ich finde, das hat er nicht _____.

2001–4000

125. Was man über ein Auto sagen kann. Ordnen Sie die Aussagen.

	A) positive Wertung	B) negative Wertung
a) ideal für eine große Familie		
b) außergewöhnlich hoher Benzinverbrauch		
c) erstklassige Reifen		

	A) positive Wertung	B) negative Wertung
d) nicht geeignet für großes Gepäck		
e) ausgezeichnete Motorleistung		
f) perfekte Technik		
g) unpraktischer Kofferraum		
h) wunderbare Sitze		
i) komische Farbe		
j) hervorragender Motor		
k) unbefriedigende Fahrleistung		
l) erstaunlich schnell		
m) sinnvolle Extras		

26. Wie passen die Dialogteile zusammen?

a) Ist die Hitze nicht prima?	A) Um 18 Uhr, wie gewohnt.
b) Alle sind von dem neuen Theaterstück begeistert.	B) Als Vater kannst du das nicht objektiv beurteilen.
c) Ich finde, sie eignet sich nicht für diesen Beruf.	C) Ich bevorzuge kühleres Wetter.
d) Manfred macht seine Arbeit immer sehr korrekt.	D) Das stimmt, aber er könnte ruhig etwas schneller sein.
e) Wann kommst du heute nach Hause?	E) Ich finde es auch ausgezeichnet.

a	b	c	d	e

3.9 Negative Wertung | 1 – 2000

127. In jedem Satz fehlt ein Nomen!

> Kritik   Mangel   Unsinn   Probleme (Pl.)   Nachteile (Pl.)

a) Im Unglücksgebiet herrscht großer _____ an Ärzten und Medikamenten.

b) Elke hat zehn Katzen in ihrer Wohnung? Wer hat dir denn diesen _____ erzählt?

c) Wegen des schlechten Wahlergebnisses gab es sehr viel _____ an der Parteiführung.

d) Die neuen Gesetze sind nur für wenige Bürger günstig; für die Mehrheit der Bevölkerung bringen sie eher

_____ .

e) Es tut mir leid, daß ich zu spät komme. Ich hatte _____ , einen Parkplatz zu finden.

128. Ergänzen Sie das passende Adjektiv.

> merkwürdig   kritisch (1)   kritisch (2)
>   kompliziert   schlimm   vergeblich
> unmöglich   schlecht (1)   schlecht (2)

a) _____ : ⟨*schwierig*⟩, ein ~es Problem, eine ~e Arbeit, eine ~e Maschine

b) _____ : ⟨*streng beurteilend, prüfend*⟩, eine ~e Frage, ein ~er Bericht, ein ~er Zeitungsartikel

c) _____ : ⟨*gefährlich, bedenklich, schwierig*⟩, ein ~er Gesundheitszustand, ein ~e politische Situation, eine ~e Verkehrssituation

d) _____ : ⟨*böse, moralisch nicht gut*⟩, ein ~er Mensch, einen ~en Charakter haben, ~ von ihm reden

e) _____ : ⟨*komisch, nicht normal*⟩, einen ~en Hut tragen, ein ~er Mensch sein, ein ~es Verhalten haben

f) _____ : ⟨*in Qualität und Art nicht gut*⟩, die Milch ist ~, ~e Arbeit leisten, ein Kleid aus ~em Material

g) _____ : ⟨*sehr schlecht, schrecklich*⟩, ein ~er Unfall, eine ~e Nachricht, in einer ~en Situation sein

h) _____ : ⟨*nicht machbar, nicht denkbar*⟩, es ist technisch ~, das kann ich ~schaffen, es ist mir ~ zu kommen

i) _____ : ⟨*ohne Erfolg*⟩, die Schlüssel ~ suchen, ihn ~ warnen, eine ~e Mühe

$$\boxed{2001-4000}$$

29. Was paßt nicht?

a) furchtbar: Krankheit, Sturm, Unglück, Angst, Wetter, Atem

b) schrecklich: Mensch, Krankheit, Erlaubnis, Situation, Film

c) gering: Gewicht, Menge, Verdienst, Haus, Anzahl, Mühe

d) unnütz: Wahrheit, Arbeit, Gespräch, Bemühung, Zeug

e) peinlich: Irrtum, Verhalten, Blume, Frage, Situation, Foto

f) langweilig: Film, Buch, Geld, Gespräch, Mensch, Urlaub

g) seltsam: Farbe, Vernunft, Frage, Geschmack, Blume, Geschichte

3.10 Wunsch, Bitte, Auftrag | 1–2000

130. Welches Verb paßt?

bitten	wünschen	weigern
erlauben	verlangen	auffordern

a) _____ : die Gäste ~, zum Essen zu kommen; eine Frau zum Tanzen ~; zur Bezahlung einer Rechnung ~

b) _____ : einen hohen Preis ~; eine Erklärung ~; eine Entschuldigung ~; die sofortige Bezahlung der Rechnung ~

c) _____ : sich zum Geburtstag ein Radio ~; den Eltern ein langes Leben ~; sich besseres Wetter ~

d) _____ : sich ~, die Arbeit alleine zu machen; sich ~, die kalte Suppe zu essen; sich ~, ein Geheimnis zu verraten

e) _____ : dir ~, mit meinem Wagen zu fahren; dem Kind ~, einen Fernsehfilm zu sehen; der Tochter ~, alleine Urlaub zu machen

f) _____ : um etwas Geduld ~; um Ruhe ~; den Freund um Hilfe ~; darum ~, daß die Fenster geschlossen werden

31. ‚Dürfen‘, ‚müssen‘ oder ‚wollen‘ – was paßt?

a) ☐ Haben dir deine ○ Nein, ich | darf ☐
Eltern erlaubt, muß ☐ nicht.
mit mir ins Kino will ☐
zu gehen?

b) ☐ Sind Heike und ○ Nein, ich glaube, sie
Ralf schon im dürfen ☐ am
Urlaub? müssen ☐ Sontag
wollen ☐ fahren.

c) ☐ Möchten Sie eine ○ Wir | dürfen ☐ hier nicht
Zigarette? müssen ☐ rauchen.
wollen ☐
Es ist verboten.

d) ☐ Haben Sie mor- ○ Nein, ich | darf ☐ leider
gen Zeit? muß ☐ arbeiten.
will ☐

e) ☐ Um 14.26 Uhr ○ 14.10 Uhr. Du | darfst ☐
fährt mein Zug. mußt ☐ gehen!
Wie spät ist es willst ☐
jetzt?

f) ☐ Geben Sie mir ○ Welche Sorte | dürfen ☐ Sie ?
bitte drei Pfund müssen ☐
Äpfel. wollen ☐

132. Zu jedem Satz paßt ein Nomen!

Bitte	Erlaubnis	Verbot	Wunsch
	Vorschlag	Forderung	

a) Die Gewerkschaften verlangen 6% mehr Lohn. _____

b) Im Museum darf man nicht fotografieren! _____

c) Wir könnten am Sonntag mal deine Schwester besuchen, was meinst du? _____

d) Sei so lieb, und mach das Fenster zu; mir ist kalt. _____

e) Meine Frau möchte gerne einen Hund haben. _____

f) Ich habe nichts dagegen, daß deine Freunde bei uns übernachten. _____

2001−4000

133. Was paßt zusammen?

a) anordnen: — A) erlauben, einverstanden sein

b) verbieten: — B) jemandem einen Auftrag geben

c) gehorchen: — C) sagen, was getan werden soll; befehlen

d) gestatten: — D) nein sagen; nicht erlauben

e) beauftragen: — E) eine Bitte ~; einen Wunsch ~

f) bestimmen: — F) tun, was jemand möchte, befiehlt, anordnet; den Eltern ~

g) drängen: — G) anordnen, befehlen; wer hat hier zu ~?

h) erfüllen: — H) ungeduldig sein; wollen, daß etwas sofort oder sehr bald geschieht

a	b	c	d	e	f	g	h

3.11 Höflichkeitsformeln, Ausrufe, Floskeln | 1–4000

4. Welcher Gruß (welche Formel) paßt zu diesen Situationen?

A) Herzlichen Dank! (Vielen Dank!)
B) Vorsicht! (Achtung!)
C) Auf Wiedersehen.
D) Herzlich willkommen!
E) Herzlichen Glückwunsch!
F) Guten Tag.
G) Guten Abend.
H) Guten Morgen.
I) Verzeihung! (Entschuldigung!)
J) Ich wünsche Ihnen (dir) eine gute Reise!
K) Ich wünsche Ihnen (dir) viel Erfolg!
L) Ich gratuliere Ihnen (dir).

Was sagen Sie, ...
a) wenn Sie ein Geschäft verlassen: _____
b) wenn ein Freund Geburtstag hat: _____
c) wenn Sie einen Bekannten um 9 Uhr treffen: _____
d) wenn Sie einen Bekannten um 15 Uhr treffen: _____
e) wenn Sie einen Bekannten um 19 Uhr treffen: _____
f) wenn ein Kollege seine Führerscheinprüfung bestanden hat: _____

g) wenn ein Freund morgen seine Führerscheinprüfung macht: _____

h) wenn Sie einen Besucher am Flughafen abholen: _____

i) wenn Ihnen jemand geholfen hat: _____

j) wenn ein Bekannter morgen in Urlaub fährt: _____

k) wenn Sie jemanden auf der Straße versehentlich angestoßen haben: _____

l) wenn Sie jemanden vor einer Gefahr warnen wollen:
_____

a	b	c	d	e	f	g	h	i	j	k	l

4 Mensch und Gesellschaft
4.1 Identifizierung | 1−2000

135. Ergänzen Sie die Nomen.

> Mensch   Kind   Mann   Frau
> Erwachsener/Erwachsene   Jugendlicher/Jugendliche

a) weiblich: _____ b) männlich: _____

c) 16 Jahre alt: _____

d) 30 Jahre alt: _____

e) 5 Jahre alt: _____

f) männlich oder weiblich: _____

136. Ordnen Sie die Nomen zu.

Name
Vorname
Familienname (Zuname)

c) _____

Klaus Meier

a) _____   b) _____

137. Wie passen die Dialogteile zusammen?

a)	Angelika hat gestern ein Kind bekommen.	A) Ich finde, er sieht viel jünger aus.
b)	Wie heißt dein Sohn?	B) Ist es ein Junge oder ein Mädchen?
c)	Kennen Sie Herrn Kaiser persönlich?	C) Ja, zwei. Aber sie sind schon erwachsen.
d)	Mein Vater ist gestern 65 Jahre alt geworden.	D) Nein, wir haben nur miteinander telefoniert.
e)	Hast du Kinder?	E) Andreas, aber wir nennen ihn meistens Andy.

a	b	c	d	e

8. Welches Nomen paßt?

a) Darf ich vorstellen: Das ist _____ Meinel.
   (Mann/Junge/Herr)

b) Ich möchte Ihnen gerne _____ Apel vorstel-
   len *(Dame/Frau*/Mädchen)*

c) Mein Sohn ist neun Monate alt. Er ist noch ein _____
   _____ . *(Jugendlicher/Kind/Baby)*

d) Kennen Sie die blonde _____, die dort drü-
   ben steht? *(Dame/Erwachsene/Herr)*

e) Mein Auto ist nur für vier _____ zugelassen.
   (Mädchen/Personen/Menschen)

f) Herr Dr. Schulz möchte, daß man ihn mit seinem
   _____ anspricht. *(Zeichen/Geschlecht/Titel)*

g) Wir wünschen uns ein gesundes Baby. Das _____
   _____ ist uns egal. *(Geschlecht/Alter/Mädchen)*

** Die Anrede ‚Frau' wird immer mehr auch für Fräulein,
d. h. für unverheiratete Frauen, verwendet.*

4.2 Familie und Verwandtschaft | 1-2000

9. In jedem Satz fehlt ein Nomen!

> Ehepaar   Ehe   Verwandter   Kuß   Paar   Tante   Onkel

a) Ralf und Brigitte haben geheiratet; sie sind jetzt ein
   _____.

b) Hans gehört nicht zu unserer Familie; er ist ein Freund,
   aber kein _____.

c) Kannst du dich noch erinnern, wann du den ersten
   _____ bekommen hast?

d) Mein _____ wohnt in Wien; er ist der Bruder
   meines Vaters.

e) Klaus und Maria sind nicht verheiratet, aber sie sind schon lange ein _____.

f) Jens und Heike leben nicht mehr zusammen. Ihre _____ war nicht glücklich.

g) Ich möchte dir meine _____ vorstellen. Sie ist die älteste Schwester meiner Mutter.

140. Wer ist was?

Schwester	Ehemann	Eltern	Ehefrau
Bruder	Tochter	Sohn	Vater
Mutter	Geschwister	Familie	

Petra Korber (geb. Jahn) 36 J. — Jürgen Korber 40 J.

↓ Ursula Korber 12 J.   ↓ Dieter Korber 8 J.

a) Dieter ist der _____ von Petra und Jürgen.

b) Ursula ist die _____ von Dieter.

c) Petra und Jürgen sind die _____ von Ursula und Dieter.

d) Dieter ist der _____ von Ursula.

e) Ursula ist die _____ von Petra und Jürgen.

f) Petra ist die _____ von Jürgen.

g) Ursula und Dieter sind _____.

h) Jürgen ist Petras _____.

i) Petra, Jürgen, Ursula und Dieter sind eine _____.

j) Petra ist die _____ von Ursula und Dieter.

k) Jürgen ist der _____ von Ursula und Dieter.

$$2001-4000$$

1. Drei Nomen passen zusammen, eins paßt nicht dazu!

a) Trauung – Erziehung – Hochzeit – Braut
b) Großvater – Enkel – Großmutter – Witwe
c) Bräutigam – Nichte – Neffe – Onkel
d) Schwiegereltern – Schwager – Tante – Schwägerin
e) Braut – Bräutigam – Hochzeit – Nichte

2. Was Jens und Heike passiert ist. (Finden Sie eine Reihenfolge.)

> heiraten   sich scheiden lassen   ledig sein
> sich verlieben   sich verloben

a) ledig sein _____
b) _____
c) _____
d) _____
e) _____

3. Was paßt zusammen?

a) der Sohn meiner Tante: A) Nichte
b) die Tochter meiner Tante: B) Schwägerin
c) der Bruder meiner Frau: C) Vetter
d) die Schwester meiner Frau: D) Schwager
e) die Eltern meiner Frau: E) Neffe
f) die Tochter meines Bruders: F) Kusine
g) der Sohn meiner Schwester: G) Schwiegereltern

a	b	c	d	e	f	g

4.3 Soziale Bindungen | 1–2000

144. Welches Nomen paßt?

a) Horst und Peter kenne ich schon seit dem Kindergarten. Sie sind meine besten _____ . *(Partner/ Freunde/Bekannte)*

b) □ Mit wem hast du gerade gesprochen?
   ○ Ich kenne ihn nicht. Es war ein _____, der mich nach dem Weg gefragt hat. *(Bekannter/Verwandter/Fremder)*

c) Wir bekommen heute abend Besuch. Es sind _____, die wir im Urlaub kennengelernt haben. *(Fremde/Bekannte/Partner)*

d) □ Magst du deine neue Kollegin?
   ○ Ja sehr, wir haben gleich am ersten Tag _____ geschlossen. *(Gesellschaft/Freundschaft/Feindschaft)*

e) Ich habe keine Lust, mich mit Jens zu treffen. Ich fühle mich in seiner _____ nicht wohl! *(Gesellschaft/Partnerschaft/Freundschaft)*

f) Ich habe in der Stadt überraschend einen alten Schulfreund getroffen. Wir sind in ein Café gegangen und haben _____ gefeiert. *(Freundschaft/Hochzeit/Wiedersehen)*

g) Ich weiß, daß du deinen Bruder nicht magst. Trotzdem ist es deine _____, ihm zu helfen, wenn er Probleme hat. *(Erziehung/Pflicht/Bitte)*

1000–4000

45. Was paßt zusammen?

a) abhängen:	A) ein guter, alter, schlechter ~; ein
b) angehören:	Schul- ~, ein Klassen- ~
c) Feind:	B) vom Wetter, vom Zufall, von seiner
d) Kamerad:	Entscheidung, von der weiteren Ent-
	wicklung ~

C) ein gefährlicher, alter, starker ~; er
ist mein Tod- ~

D) einem Verein, einem Klub, einer
Kirche ~

a	
b	
c	
d	

4.4 Berufe | 1–2000

46. Was sind die Leute von Beruf?

Bauer/Bäuerin Beamter/Beamtin Bäcker/Bäckerin
Hausfrau/Hausmann Ingenieur/Ingenieurin
Politiker/Politikerin Sekretär/Sekretärin
Techniker/Technikerin Verkäufer/Verkäuferin

a) bedient und berät Leute in einem Geschäft: _____
_____

b) stellt Brot, Brötchen und Kuchen her: _____

c) arbeitet auf dem Lande und produziert Milch, Fleisch,
Rohstoffe für Lebensmittel: _____

d) wäscht, kocht, kauft ein, macht sauber, bekommt keinen
Arbeitslohn: _____

e) arbeitet in einem Büro, schreibt Briefe, erledigt Post:
_____

f) repariert und kontrolliert Maschinen (z. B. in einer
Fabrik): _____

g) hat den Staat als Arbeitgeber, (arbeitet z. B. bei der Post, bei der Bundesbahn, in einer Stadtverwaltung):

_____

h) ist gewählt worden, ist Mitglied einer Partei, eines Parlaments oder einer Regierung: _____

i) konstruiert, erfindet Maschinen; plant den Bau von Gebäuden; kontrolliert den Ablauf einer Produktion:

_____

2001–4000

147. Zu jedem Bild paßt eine Berufsbezeichnung!

Bauarbeiter(in)	Fleischer(in)/Metzger(in)
Friseur/Friseuse Journalist(in)	Schneider(in)
Vertreter(in) Wirt(in)	Unternehmer(in)

d)

e)

f)

g)

h)

148. Was paßt zusammen?

a) Fachleute:

A) Person, die (noch) nicht selbständig arbeitet, sondern ihrem Vorgesetzten hilft

b) Handwerker:

B) Name für Angehörige bestimmter Berufe, z. B. für Friseure, Metzger, Schneider...

c) Assistent(in):

C) hat den Beruf studiert; plant Bauprojekte, Wohnungen, Häuser

d) Geschäftsmann/ Geschäftsfrau:

D) übersetzt Fremdsprachen

e) Architekt(in):

E) pflegt, repariert Maschinen oder Autos

f) Dolmetscher(in):

F) arbeitet wegen Alter oder Krankheit nicht mehr

g) Mechaniker(in):

G) Spezialisten; Personen mit speziellen Kenntnissen und guter Ausbildung

h) Manager(in):

H) Besitzer(in) einer kleinen Firma; Ladenbesitzer(in)

i) Rentner(in):

I) hohe, leitende Position in einem großen Betrieb

a	b	c	d	e	f	g	h	i

4.5 Soziale Position | 1–4000

49. In jedem Satz fehlt ein Nomen!

Abstieg	Aufstieg	Autorität	Ehre
Elend	Rang	Status	Ansehen

a) Frau Petzold hat vor fünf Jahren als Lehrling in der Firma angefangen, und jetzt ist sie schon Abteilungsleiterin. Wegen dieses schnellen beruflichen _____ wird sie von allen Kollegen bewundert.

b) Franz K. war früher sehr reich. Durch eine wirtschaftliche Krise hat er sein Geld und seinen Besitz verloren. Heute ist er ein kranker, alter Mann und lebt im _____ .

c) Frau Dr. Clausen erforscht seit vielen Jahren die Ursachen von Blutkrankheiten. Viele Kollegen fragen sie um Rat, weil sie eine _____ in ihrem Fach ist.

d) Wir sind sehr stolz darauf, und es ist uns eine große _____ , Sie in unserer Stadt als Gast begrüßen zu können.

e) Geld, Besitz und Bildung bestimmen in unserer Gesellschaft den sozialen _____ einer Person.

f) Der Präsident ist ein kluger und ehrlicher Mann. Er genießt ein hohes _____ in der Bevölkerung.

g) Früher war er Chef einer Konstruktionsabteilung. Er wurde entlassen und arbeitet jetzt als technischer Zeichner. Ich glaube, er leidet sehr unter seinem beruflichen _____ .

h) ‚General' ist ein sehr hoher _____ in der Armee.

4.6 Positives und neutrales Sozialverhalten | 1–2000

150. Zu welchen Wörterbucherklärungen passen die Verben?

| abmachen | entschuldigen | behandeln | erwarten |
| verhalten | bedanken | beruhigen | vertrauen |

a) _____ : eine Person schlecht, gut, gerecht, ungerecht ~; das neue Auto vorsichtig ~; die Bücher sorgfältig ~

b) _____ : einem Menschen ~; auf das Glück ~; auf die Zukunft ~; den Worten des Arztes ~

c) _____ : Post von meiner Schwester ~; für heute abend Besuch ~; für meine Hilfe keine Bezahlung ~

d) _____ : sich (nach einer Aufregung) wieder ~; ein weinendes Baby ~; die Eltern durch ein Versprechen ~

e) _____ : ⟨*vereinbaren*⟩ einen günstigen Preis ~; mit dem Kollegen einen Termin ~; die Sache mit dem Chef ~

f) _____ : **1.** ⟨*verzeihen*⟩ ~ Sie bitte, daß ich zu spät komme; **2.** ⟨*um Verzeihung bitten*⟩ ich möchte mich für mein Verhalten ~; sich bei der Nachbarin für den Lärm ~

g) _____ : sich für ein Geschenk, einen Brief, die Hilfe ~; ich möchte mich herzlich bei Ihnen ~

h) _____ : ⟨*sich benehmen*⟩ sich höflich, freundlich, leise, unpassend, mutig ~

1. Ergänzen Sie die Nomen.

Rücksicht	Einfluß	Verzeihung/Entschuldigung
Vertrauen		Verhalten	Hilfe

a) Er ist ein ehrlicher Mensch; du kannst wirklich
_____ zu ihm haben.

b) In unserer Straße fahren die meisten Autofahrer zu
schnell. Sie nehmen keine _____ auf
die spielenden Kinder.

c) Wenn du nächste Woche zwei Tage frei haben möch-
test, dann frage am besten Frau Vogt, die Assistentin
vom Chef. Sie hat großen _____ auf
ihn; meistens macht er, was sie vorschlägt.

d) Die Opfer des Erdbebens brauchen dringend finanzielle
_____, um ihre Häuser wieder auf-
bauen zu können.

e) Was ist denn mit Jochen los? Sein _____
ist in letzter Zeit sehr merkwürdig, findest du nicht?

f) Erika ist beleidigt, weil du ihren Geburtstag vergessen
hast. Du solltest sie anrufen und um _____
bitten.

2001−4000

52. In jedem Satz fehlt ein Nomen!

Scherz	Gelächter	Brauch	Respekt

a) Es ist ein alter _____, an Ostern bunte Eier
zu verschenken.

b) Ich glaube, unsere Nachbarn feiern eine Party. Hörst du
nicht die Musik und das laute _____?

c) Unser Sohn hat einen sehr jungen Lehrer. Er gibt sich
   große Mühe, und die Kinder haben viel
   _____ vor ihm.

d) ☐ Klaus hat mir erzählt, daß seine neue Freundin ganz
   dick und häßlich ist.
   ○ Das glaube ich nicht. Er hat bestimmt nur einen
   _____ gemacht.

153. Was paßt nicht?

a) begleiten: den Freund nach Hause, den Fremden
   zum Bahnhof, den Weg zum Flugha-
   fen, das Kind zur Schule

b) beschützen: den Freund vor einer Gefahr, das Kind
   vor dem Hund, den Dieb vor der Poli-
   zei, die Milch vor der Katze

c) vertragen: sich mit einem Buch, sich mit den
   Kollegen, sich gut mit den Schwieger-
   eltern, sich nicht mit den Nachbarn

d) ertragen: die schlechte Laune des Chefs, die
   Vorwürfe der Kollegen, den schweren
   Koffer, die Hitze nicht mehr

e) verzeihen: eine Lüge, eine Beleidigung, einen
   Fehler, einen Brauch

f) respektieren/ die Autorität des Vorgesetzten, die
   achten: Entscheidung des Freundes, die Fen-
   ster des Hauses, die Gewohnheiten
   der Freundin

g) führen: die alte Frau über die Straße, das Bild
   an die Wand, den Fremden zur näch-
   sten Bushaltestelle, das Kind an der
   Hand

4.7 Negatives Sozialverhalten   1−2000

54. In jedem Satz fehlt ein Verb!

erschrecken	drohen	enttäuschen
lügen	streiten	ärgern

a) Ich muß Sie leider _____, aber Ihr Auto läßt sich nicht mehr reparieren. Der Motor ist völlig kaputt, und außerdem ist der Wagen ja auch schon 14 Jahre alt.

b) Der Chef hat _____, uns zu kündigen, wenn wir am nächsten Samstag nicht arbeiten.

c) Bitte sag die Wahrheit, _____ hat doch keinen Zweck.

d) Meine Kollegin kann mich nicht leiden. Sie macht den ganzen Tag unfreundliche Bemerkungen, um mich zu

_____.

e) Nach dem Essen _____ wir uns immer darüber, wer das Geschirr spülen muß.

f) Gestern hat es in unserer Küche gebrannt. Ich habe mich so _____, daß ich laut um Hilfe geschrien habe.

2001–4000

155. Wie passen die Dialogteile zusammen?

a) Willst du Jochen nicht zu deiner Party einladen?

b) Warum hat Eva ihre Stelle gekündigt?

c) Glaubst du, daß Frauen schlechter Auto fahren als Männer?

d) Ich habe Erika gesagt, daß sie zu dicke Beine hat, um kurze Röcke zu tragen.

e) Marion interessiert sich nicht für dich? Dann mußt du ihr einen Strauß rote Rosen schenken.

f) Warum hat Peter seine Frau verlassen?

A) Er hat sich in eine Kollegin verliebt.

B) Unsinn, das ist doch ein dummes Vorurteil!

C) Sie hatte eine Auseinandersetzung mit ihrem Chef.

D) Ich glaube nicht, daß dieser Trick funktioniert.

E) Nein, wenn er Alkohol getrunken hat, wird er immer aggressiv und fängt einen Streit an.

F) Bist du verrückt? Das ist doch eine Beleidigung!

a	b	c	d	e	f

4.8 Kontakte und Veranstaltungen | 1–2000

56. Was paßt nicht?

a) unterhalten: sich über Politik, sich mit einem Freund, sich den ganzen Abend sehr gut, sich mit der Zahnbürste

b) einladen: die Freundin zum Geburtstag, den Koffer zum Bahnhof, den Kollegen zu einem Glas Bier, die Nachbarn zum Abendessen

c) abholen: den Onkel vom Bahnhof, ein Paket von der Post, das Glas aus dem Schrank, die Kinder von der Schule

d) feiern: einen Streit, eine Hochzeit, einen Geburtstag, ein Fest

e) besuchen: einen Freund im Krankenhaus, ein Theaterstück, ein Stück Fleisch, ein Fußballspiel

f) treffen: einen Bekannten auf der Straße, sich mit Julia im Park, sich jeden Donnerstag zum Kartenspiel, sich beim Schlafen

g) kennen: viele Leute, ein gutes Restaurant, einen Teller Suppe, meine Freundin gut

57. Welches Nomen paßt? (Meistens passen zwei.)

a) Wir bekommen heute abend _____. *(Leute/Besuch/Gäste)*

b) Herr Seitz ist unser _____. Er wohnt im Haus gegenüber. *(Nachbar/Mitglied/Fremder)*

c) Bist du _____ in einer Partei? *(Besuch/Nachbar/Mitglied)*

d) Das wird ein großes Fest. Es sind über hundert _____ eingeladen. *(Gäste/Besuch/Leute)*

e) □ Spielt Klaus noch Fußball?
  ○ Ja, aber sein _____ ist im Moment
    nicht sehr erfolgreich. *(Fußballplatz/Fußballverein/*
    Fußballklub)
f) Ich will heute abend mal zu Hause bleiben. Drei
   _____ in einer Woche sind genug.
   (Feste/Parties/Besucher)

2001−4000

158. Wozu passen die Verben?

| kennenlernen | verabschieden | empfangen |
| veranstalten | vorstellen | vorbeikommen |

a) den Eltern die neue Freundin
   dem Freund alle Familienmitglieder } _____
   sich beim Personalchef

b) sich mit Tränen in den Augen
   sich vor dem Urlaub von den
   Kollegen } _____
   sich von der Freundin mit einem
   Kuß

c) im Urlaub zufällig ein nettes
   Mädchen
   im Hausflur die neuen Nachbarn } _____
   den Freund jeden Tag besser

d) die Eltern nach der Reise am
   Bahnhof
   den Geschäftsfreund bei seiner
   Ankunft am Flughafen } _____
   die Gäste mit einem Glas Sekt

e) eine Ausstellung
   ein Konzert   }   _____
   ein Fest

f) in fünf Minuten bei dir
   kurz in deinem Büro   }   _____
   abends auf einen kurzen Besuch

59. In jedem Satz fehlt ein Nomen!

Versammlung	Treffen	Kontakt
Verabredung	Gastgeber	Veranstaltung

a) Ich weiß nicht, wie es Klaus geht; wir haben schon lange keinen _____ mehr.

b) Jörg hat sich mit seiner Party viel Mühe gegeben. Er ist wirklich ein guter _____.

c) Um 5 Uhr habe ich mit Brigitte eine _____.

d) Nächste Woche sehe ich nach zehn Jahren meine Klassenkameraden wieder. Das _____ findet in unserer alten Schule statt.

e) Heute abend spielt auf dem Rathausplatz eine Musikgruppe. Es kommen sicher viele Leute zu dieser _____.

f) Wir wählen übermorgen einen neuen Betriebsrat. Deshalb findet morgen eine _____ aller Betriebsangehörigen statt.

4.9 Schicksal und Zufall   1—2000

160. Wie passen die Dialogteile zusammen?

a) Ich habe gehört, daß Klaus einen Unfall hatte. Ist ihm etwas passiert?

b) Wie viele Todesopfer gab es bei dem Busunglück?

c) Warum kommst du so spät nach Hause?

d) Spielst du in der Lotterie?

e) Ich habe ein Auto gewonnen!

f) Meine Nachbarin ist sehr in Not. Sie hat drei kleine Kinder, und letzte Woche hatte ihr Mann einen tödlichen Arbeitsunfall.

A) Das ist ja eine schlimme Situation!

B) Ich habe in der Stadt zufällig eine alte Freundin getroffen.

C) Nein, er hatte Glück; sein Auto ist allerdings ganz kaputt.

D) Nein, die Chancen zu gewinnen sind zu gering, finde ich.

E) Dieses Ereignis muß gefeiert werden!

F) Eine Frau ist im Krankenhaus gestorben; die anderen Verletzten können wahrscheinlich gerettet werden.

a	b	c	d	e	f

61. Ordnen Sie die Nomen. Eins paßt zweimal.

a)	b)
Unglück Erfolg	
Gefahr Not	
Schaden Glück Zufall	
Pech Chance Freude	

$$2001-4000$$

62. Eine Ergänzung paßt nicht.

a) Es hat sich │ ☐ ein Opfer │ ereignet.
                  │ ☐ ein Unglück │
                  │ ☐ ein Unfall │

b) ☐ Der Rettungsversuch │ ist gescheitert.
   ☐ Der Brand
   ☐ Das Vorhaben

c) ☐ einen Unfall │ riskieren
   ☐ einen Mißerfolg
   ☐ einen Gewinner

d) ☐ vor Müdigkeit │ zusammenbrechen
   ☐ glücklicherweise
   ☐ tödlich verletzt

e ☐ einen Ausweg │ finden
   ☐ ein Risiko
   ☐ eine Gelegenheit

128

163. In jedem Satz fehlt ein Nomen!

Notfall	Rettung	Ausweg	Lage
	Mißerfolg	Gewinner	

a) Das ist wirklich ein schwieriges Problem. Da weiß ich auch keinen _____.

b) Der erste Preis ist eine Reise nach New York für zwei Personen. Der _____ kann den Reisetermin selbst bestimmen.

c) Ich habe die Chance, in Hamburg eine bessere Stelle zu bekommen, aber meine Frau möchte hier in München bleiben. Das bringt mich in eine schwierige _____.

d) Das neue Produkt verkauft sich sehr schlecht. Dieser _____ bringt die Firma in finanzielle Schwierigkeiten.

e) Unser Kinderarzt ist immer gleich da, wenn man ihn braucht. Im _____ können wir ihn sogar nachts anrufen.

f) Die Feuerwehr konnte nur noch zwei Menschen aus dem brennenden Haus holen. Für die anderen Bewohner gab es keine _____ mehr.

5 Alltagswelt

5.1 Haus und Wohnung | 1–2000

164. Ergänzen Sie die Wortreihen.

Wohnung	Stecker	Wand	Garten
Heizung	Fenster	Bad	Dachboden

a) Ausgang – Eingang – Tür –_____

b) Keller – Erdgeschoß – Stockwerk –_____

c) Fußboden – Decke – Mauer –_____

d) Dusche – Toilette – WC –_____

e) Steckdose – Strom – Schalter –_____

f) Gas – Kohle – Öl –_____

g) Rasen – Blumen – Gemüse –_____

h) Raum – Zimmer – Haus –_____

165. Was paßt nicht?

a) Bad: modern, schwer, klein, groß

b) Fenster: groß, breit, hoch, gemütlich

c) Fußboden: kurz, kalt, glatt, hart

d) Heizung: modern, neu, sympathisch, praktisch

e) Keller: kalt, feucht, dunkel, schnell

f) Zimmer: leicht, hell, freundlich, gemütlich

g) Treppe: steil, schmal, weich, hoch

h) Garten: schön, langsam, gepflegt, groß

i) Mauer: hoch, niedrig, dick, fett

166. Welches Verb paßt?

abschließen	klingeln	mieten	wohnen

a) im Erdgeschoß
im zweiten Stock   }   _____
in einer großen Wohnung

b) die Zimmertür
   den Schrank   } _____
   den Eingang

c) eine Wohnung
   ein Zimmer   } _____
   ein Haus

d) an der Haustür
   am Eingang   } _____
   zweimal

2001 – 4000

67. Ergänzen Sie die Nomen.

> Schlafzimmer   Decke   Wohnzimmer   Neubau
> Hof   Halle   Aufzug/Lift   Saal   Vermieter   Fassade   Tor

a) alt – Altbau: neu –_____

b) gehen – Treppe: fahren –_____

c) essen – Eßzimmer: wohnen –_____

d) baden – Bad: schlafen –_____

e) unten – Fußboden: oben –_____

f) wohnen – Zimmer: tanzen/feiern –_____

g) Mensch – Gesicht: Haus –_____

h) vor dem Haus – Straße:
   hinter dem Haus –_____

i) klein – Tür: groß –_____

j) mieten – Mieter: vermieten –_____

k) Haus – Wohnung: Fabrik –_____

168. Wie passen die Dialogteile zusammen?

a) Wollt ihr ein Haus kaufen?

b) Wann ist euer Haus fertig?

c) Wie heizt ihr euer Haus?

d) Ist das Haus nicht zu groß für euch?

e) Ist das deine Wohnung?

f) Machst du den Haushalt alleine?

g) Habt ihr einen Garten?

A) Nein, ich bin nur Untermieter. Hier ist mein Zimmer.

B) Nein, wir wollen selbst eins bauen.

C) Nein, wir wohnen im dritten Stock. Aber wir haben einen schönen großen Balkon.

D) Nein, mein Mann geht meistens einkaufen, weil ich länger arbeiten muß als er.

E) Nächste Woche können wir einziehen.

F) Mit Gas.

G) Ja, wir wollen demnächst ein Zimmer an einen Studenten vermieten.

a	b	c	d	e	f	g

5.2 Einrichtung | 1−2000

69. Welchen Buchstaben haben die Möbel im Bild?

☐ Bett ☐ Kühlschrank ☐ Lampe ☐ Ofen ☐ Schrank
☐ Sessel ☐ Sofa ☐ Stuhl ☐ Teppich ☐ Tisch

170. Welches Nomen paßt?

a) Im Garten steht ein___ groß___ _____. Darauf
können drei Leute bequem sitzen. *(Möbel/Sofa/Bank)*

b) Großvater sitzt draußen im Garten. Bring ihm bitte
ein_____ _____, es ist kühl. *(Handtuch/
Decke/Teppich)*

c) Hole bitte zwei Gläser aus dem Schrank. Sie sind im
obersten _____. *(Fach/Möbel/Boden)*

d) Meine Möbel sind alle ziemlich alt und unmodern. Für
ein_____ besser_____ _____ habe ich im
Moment kein Geld. *(Haus/Einrichtung/Raum)*

$$2001-4000$$

171. Was paßt zusammen?

a) Garderobe: A) darauf kann man sitzen und liegen; steht meistens im Wohnzimmer

b) Kissen: B) Stoff, der vor dem Fenster hängt

c) Schublade: C) ein Möbelstück für Wäsche, Hemden, Jacken, Röcke, Mäntel ...

d) Tischtuch: D) daran hängt man seinen Mantel auf; auch der richtige Platz für Hüte und Regenschirme

e) Vorhang: E) darauf legt man seinen Kopf beim Schlafen

f) Couch: F) liegt auf dem Tisch, damit er schöner aussieht und geschützt wird

g) Kommode: G) ein Möbelstück für Büroarbeit

h) Kleiderschrank: H) ein kleiner Schrank mit Schubläden

i) Badewanne: I) ist Teil des Badezimmers; man füllt sie mit warmem Wasser und legt sich hinein

j) Schreibtisch: J) Teil eines Schranks; läßt sich her-
                       ausziehen
k) Regal: K) einfaches Möbelstück ohne Türen;
                       sehr gut für Bücher geeignet

a	b	c	d	e	f	g	h	i	j	k

5.3 Gebrauchsgegenstände — 1–2000

72. Welches Nomen paßt?

> Geschirr   Schere   Nadel   Pfanne   Tasse

a) essen – Teller : trinken – _____
b) Fleisch – Messer : Papier – _____
c) Hammer – Werkzeug : Teller – _____
d) schneiden – Messer : nähen – _____
e) kochen – Topf : braten – _____

73. Was paßt zusammen?

a) Uhr: (A) eine Tür aufschließen
b) Taschentuch: (B) Brot schneiden
c) Streichholz: (C) nach der Zeit fragen
d) Spiegel: (D) sich vor dem Regen schützen
e) Schirm: (E) etwas reparieren
f) Messer: (F) sich die Nase putzen
g) Werkzeug: (G) Feuer für die Zigarette brauchen
h) Tasche: (H) einkaufen gehen
i) Schlüssel: (I) sich selbst anschauen

a	b	c	d	e	f	g	h	i

174. Drei Wörter, die fast die gleiche Bedeutung haben: Ding(e) / Gegenstand (Gegenstände) / Sache(n). (Paßt nur eins oder zwei oder sogar alle drei?)

a) Ich komme heute abend später nach Hause, weil ich noch ein paar _____ einkaufen will.

b) Holger hat den ganzen Schrank voll mit Anzügen, Hemden und Hosen, aber er kauft sich jede Woche noch eine _____ dazu.

c) □ Das ist meine neue Küchenmaschine.
   ○ So ein____ _____ habe ich noch nie gesehen.

d) □ Ich habe von einem Bekannten einen gebrauchten Kühlschrank gekauft. Ich kann ihn aber nicht abholen, weil mein Auto zu klein ist.
   ○ Da kann ich dir helfen. In meinem Wagen kann man auch größere _____ transportieren.

e) □ Jochen hat mir seine Schreibmaschine verkauft. Sie hat 100 DM gekostet.
   ○ Bist du verrückt? Für dies____ alt____ _____ hätte ich höchstens 20 DM bezahlt.

175. Zu jedem Nomen paßt ein Bild. Ergänzen Sie den Artikel.

| Griff | Kette | Kiste | Klingel | Schachtel | Wäsche |

a)

b)

c)

d)

e)

f)

2001−4000

6. Welches Nomen paßt?

| Feuerzeug | Nagel | Kalender | Kessel | Brieftasche |
| Hammer | Waage | Waschlappen | Wecker |

a) sich abtrocknen – Handtuch : sich waschen – _____
   _____

b) Geld – Geldbeutel : Ausweis/Papiere – _____
c) Suppe kochen – Topf : Wasser kochen – _____
d) Schraube – Schraubendreher : Nagel – _____
e) Holz – Streichholz : Gas – _____
f) Zeit – Uhr : Datum – _____
g) drehen – Schraube : schlagen – _____
h) Länge/Breite – Maßband : Gewicht – _____
i) in der Küche – Küchenuhr : am Bett – _____

177. Was paßt zusammen?

a) Besen: (A) Wasser in ein Glas gießen
b) Kerze: (B) einen Knopf annähen
c) Spaten: (C) die Straße fegen
d) Spielzeug: (D) auf einen Baum steigen
e) Eimer: (E) ein Handtuch an die Wand hängen
f) Faden: (F) Wasser zum Putzen holen
g) Haken: (G) mit einem Streichholz anzünden
h) Leiter: (H) im Kinderzimmer aufräumen
i) Kanne: (I) im Garten ein Loch graben

a	b	c	d	e	f	g	h	i

178. Zu jedem Nomen paßt ein Bild. Ergänzen Sie den Artikel.

Glühbirne   Grill   Papierkorb
Sack   Schlauch   Untertasse

a)

b)

c)

5.4 Kleidung und Schmuck | 1−2000

9. Welches Kleidungsstück paßt wozu?

Kopftuch	Pullover
Hemd	Kleid
Rock	Mantel
Socken	Hut
Mütze	Strümpfe
Schuhe	Bluse
Jacke	Hose

a) _____
b) _____
c) _____
d) _____
e) _____

d)

e)

f)

180. Welches Nomen paßt am besten?

> Stoff Knopf Ring Leder Uhr Mode Gürtel

a) Hose halten: _____
b) Bluse zumachen, aufmachen: _____
c) Schmuck, Finger: _____
d) Stunde, Minute, Zeit: _____
e) Schuhe, Material: _____
f) Wäsche, Material: _____
g) Kleidung, Stil, Aussehen:_____

$$2001-4000$$

181. Welches Nomen paßt?

> Handschuhe   Anzug   Perlenkette   Ärmel
> Unterwäsche   Reißverschluß   Jackett   Uniform

a) praktische Erfindung, öffnet und schließt schnell
   Taschen, Hosen, Röcke, …: _____
b) Kleidungsstück für den Mann; Jacke und Hose aus dem
   gleichen Stoff: _____
c) was ein Soldat trägt: _____
d) Kleidung, die man direkt auf der Haut trägt:

   _____
e) Teil eines Pullovers, einer Jacke, eines Mantels; beklei-
   det den Arm: _____
f) Kleidungsstück für den Winter; wärmt die Finger:

   _____
g) Schmuckstück für den Hals: _____
h) anderer Name für die Jacke eines Anzugs:

   _____

2. Wie passen die Dialogteile zusammen?

a) Passen dir die Stiefel?

b) Kannst du im Büro Jeans und Pullover tragen?

c) Du bist sehr warm gekleidet; schwitzt du denn nicht?

d) Wollen wir einen Schirm mitnehmen?

e) Wollen Sie nicht Ihren Mantel ausziehen?

f) Ich muß noch ein paar Hemden zusammenlegen.

A) Nein danke, ich muß gleich wieder gehen.

B) Warum machst du dir soviel Mühe? Hänge sie doch über den Kleiderbügel.

C) Unmöglich, ich muß immer einen Anzug mit Krawatte anziehen.

D) Für mich nicht; ich ziehe meinen Regenmantel an.

E) Ich habe sie noch nicht anprobiert.

F) Doch. Ich werde mich gleich umziehen.

a	b	c	d	e	f

5.5 Mahlzeiten, Restaurant | 1−2000

183. Was paßt nicht?

a) backen: einen Kuchen, ein Gewürz, ein Brot, viele Brötchen

b) bedienen: ein Rezept, sich selbst, Tisch Nr. 8, einen Gast

c) bestellen: eine Tasse Tee, eine warme Mahlzeit, eine Suppe, ein Restaurant

d) braten: ein Stück Fleisch, ein Kotelett, ein Brot, ein Schnitzel

e) essen: Kuchen mit Sahne, ein Ei, Brot mit Marmelade, ein Trinkgeld

f) frühstücken: sonntags immer lange, erst gegen 10 Uhr, eine Speisekarte, nur sehr wenig

g) probieren: den Hunger, den Wein, die Soße, die Suppe

184. Drei Nomen passen zusammen, eins paßt nicht dazu.

a) Café – Gastwirtschaft – Kiosk – Restaurant

b) Gabel – Teller – Messer – Löffel

c) Portion – Teil – Stück – Gewicht

d) Preise – Hunger – Speisekarte – Gerichte

e) Geschmack – Trinkgeld – Rechnung – Kellner

2001−4000

185. Was paßt nicht? (Eine Ergänzung ist falsch.)

a) ☐ Sind die Erbsen frisch?

    ○ Nein, sie sind aus der _____. *(Flasche/ Tüte/Konservendose)*

b) Ich habe heute keine Lust zu kochen. Komm, laß uns in ein _____ gehen! *(Gasthaus/Restaurant/ Gericht)*

c) Die Soße schmeckt sehr gut! Ist _____
schwierig? *(die Zubereitung/der Koch/das Rezept)*

d) □ Warum ißt du nichts?
   ○ Ich habe keinen _____. *(Imbiß/Hunger/
   Appetit)*

e) Das Essen ist gleich fertig. Ich muß nur noch den Salat
   _____. *(zubereiten/kochen/machen)*

6. Welches Nomen paßt am besten in die Reihe?

Gericht	Appetit	Löffel
Ober	Essen	Abendessen

a) Frühstück – Mittagessen –_
b) Kellner – Bedienung –_____
c) Imbiß – Mahlzeit –_____
d) Durst – Hunger –_____
e) Messer – Gabel –_____
f) Essen – Menü –_____

5.6 Lebensmittel, Speisen   1–2000

7. Wo kann man diese Lebensmittel kaufen?

Schweinefleisch	Kuchen	Butter	Käse	Margarine
Brot	Wurst	Schnitzel	Sahne	Kotelett	Rindfleisch

a) Milchgeschäft	b) Metzgerei	c) Bäckerei

188. *Pfeffer* im Kaffee? In jedem Satz ist ein Nomen, das besser in einen anderen Satz paßt. Verbessern Sie bitte!

a) Möchten Sie etwas *Suppe* _____ über das Kotelett?
b) Zum Nachtisch hätte ich gern eine Portion *Zucker*

_____ .
c) □ Nimm doch noch ein paar Karotten!
  ○ Nein danke, ich esse nicht sehr gerne *Ei* _____ .
d) Vor dem Hauptgericht möchte ich einen Teller *Soße*

_____ .
e) Trinken Sie Ihren Kaffee mit *Pfeffer* _____ ?
f) Möchten Sie ein weiches *Gemüse* _____
  zum Frühstück?
g) Ich esse gerne scharf. Für meinen Geschmack ist zu
  wenig *Marmelade* _____ in der Suppe.
h) Zum Frühstück esse ich nur Butterbrot mit *Eis*

_____ .

189. Welches Adjektiv paßt?

haltbar	roh	süß	scharf	sauer

a) Nimm von dieser Soße nur ganz wenig; sie ist sehr

_____ .
b) Der Braten war nicht lange genug im Ofen; innen ist er
  noch ganz _____ .
c) Wir müssen zuerst diese Wurst essen; sie ist nicht mehr
  lange _____ .
d) Ich nehme nur einen Löffel Zucker, der Kaffee ist mir
  sonst zu _____ .
e) Die Sahne hat in der Sonne gestanden. Du kannst sie
  nicht mehr essen, sie ist _____ .

2001−4000

0. Drei Nomen passen zusammen, eins paßt nicht dazu.

a) Kalb – Lamm – Wurst – Schwein
b) Scheibe – Gewicht – Stück – Schnitte
c) Schokolade – Marmelade – Konfitüre – Honig
d) Wurst – Schinken – Speck – Brötchen
e) Würstchen – Kotelett – Steak – Schnitzel

1. Wie heißt das Gegenteil? Ordnen Sie die Dialogteile.

a) | Ist die Wurst fett? | A) | Meines ist ganz zart. |

b) | Ist das Gemüse noch roh? | B) | Nein, sie sind süß. |

| | C) | Nein, es ist frisch. |

c) | Ich finde das Steak zäh. | D) | Nein, sie ist mager. |

d) | Sind die Äpfel sauer? | E) | Nein, es ist gar. |

e) | Ist das Brot alt? | | |

a	b	c	d	e

5.7 Obst und Gemüse | 1–2000

**192. Zu jedem Bild paßt ein Nomen. („Apfelsine' und
,Orange' haben die gleiche Bedeutung.)**

| Apfel | Kirsche | Salat | Orange/Apfelsine |
| Nuß | Birne | Kartoffel | Obst |

a)

b)

c)

d)

e)

f)

g)

h)

2001–4000

93. Ordnen Sie.

| Bananen | Kirschen | Erbsen | Zitronen | Äpfel |
| Bohnen | Kohl | Orangen | Karotten/Möhren | Erdbeeren |

A) Gemüse   B) Obst

5.8 Trinken und Rauchen   1–2000

94. Ordnen Sie die Nomen.

Alkohol	Tabak	Pfeife	Getränk	Kaffee
Milch	Glas	Saft	Zigarre	Flasche
Tasse	Zigarette	Wein	Bier	Tee

a) Was kann man trinken?	b) Woraus kann man trinken?	c) Was kann man rauchen?

195. Was paßt nicht?

a) Bier: stark, zäh, hell, dunkel
b) Kaffee: schwarz, stark, dick, dünn
c) Milch: frisch, fett, sauer, zart
d) Saft: sauer, süß, hart, frisch
e) Tabak: hell, dunkel, leicht, fett
f) Tee: schwach, stark, breit, dünn
g) Wein: dick, leicht, süß, sauer
h) Zigarette: leicht, stark, sauer, teuer

2001–4000

196. Wie passen die Dialogteile zusammen?

a) Möchtest du ein Glas Wein?

b) Haben wir auch alkoholfreie Getränke für die Kinder?

c) Es ist schon nach Mitternacht, aber ich möchte noch gerne etwas trinken gehen.

d) Die Polizei hat Gerd den Führerschein abgenommen.

e) Möchtest du etwas trinken?

f) Kannst du die Weinflasche nicht öffnen?

A) Ja gerne, am liebsten ein Bier.

B) Nein, der Korken sitzt so fest!

C) Nein, lieber ein Glas Mineralwasser.

D) Ja, sie können Milch oder Kakao trinken.

E) Ist er betrunken Auto gefahren?

F) Ich kenne eine Bar, die bis morgens um 5 Uhr offen hat.

a	b	c	d	e	f

5.9 Arzt und Krankenhaus

1 – 2000

97. Ein Nomen paßt nicht.

a) Wer arbeitet nicht in einem Krankenhaus?
☐ Arzt   ☐ Krankenschwester ☐ Patient
☐ Doktor

b) Was kauft man nicht in einer Apotheke?
☐ Rezepte   ☐ Pflaster   ☐ Salben
☐ Tabletten   ☐ Medikamente

c) Wo sind keine Kranken, die einen Arzt brauchen?
☐ Wartezimmer ☐ Krankenhaus   ☐ Apotheke
☐ Krankenzimmer

2001 – 4000

98. Zu jedem Bild paßt ein Nomen.

Spritze   Thermometer   Krankenwagen   Gift

199. In jedem Satz fehlt ein Nomen.

> Sprechstunde   Operation   Medizin   Chirurg
> Behandlung   Facharzt   Krankenkasse

a) Wenn dir dein Hausarzt nicht helfen kann, warum gehst du dann nicht mal zum Spezialisten? Ich kenne einen sehr guten _____ für innere Medizin.

b) Der Patient hat bei der _____ sehr viel Blut verloren.

c) Mein Bruder studiert _____ ; er will Arzt werden.

d) 20% der Zahnarztkosten muß ich selbst bezahlen, 80% bezahlt meine _____ .

e) Frau Dr. Behrens hat vormittags und nachmittags

_____ .

f) Der Zahnarzt hat gesagt, daß meine Zahnfleischentzündung eine komplizierte Sache ist. Die _____ wird mehrere Wochen dauern.

g) Mich hat Dr. Schwann operiert; er ist ein sehr guter

_____ .

6 Wirtschaft und Verwaltung
6.1 Allgemeines

1–2000

200. Welches Nomen paßt?

a) Unser Produkt ist gut, aber es verkauft sich trotzdem schlecht, weil wir eine starke _____ haben. *(Industrie/Konkurrenz/Produktion)*

b) Wer ein hohes Einkommen hat, muß auch höhere _____ bezahlen. *(Steuern/Unkosten/Rechnungen)*

c) Unser Betrieb machte in diesem Jahr einen _____ von vier Millionen DM. *(Preis/Buchführung/Umsatz)*

d) Zum Glück wird der Schaden von der _____ bezahlt. *(Wirtschaft/Rechnung/Versicherung)*

e) Dem Unternehmen geht es schlecht. Es gibt im Moment sehr wenig _____. *(Aufträge/Unkosten/Angebote)*

f) Der Firma geht es sehr gut. In den letzten Jahren wurden hohe _____ gemacht. *(Kosten/Gewinne/Angebote)*

201. Welches Nomen paßt am besten dazu?

> Buchführung   Lager   Produktion
> Wirtschaft   Werbung

a) Anzeigen – Zeitung – Radio – Fernsehen: _____

b) Halle – Regale – Ordnung – Kästen: _____

c) Material – Halle – Arbeiter – Maschine: _____
_____

d) Aufträge – Rechnungen – Kontrolle – Geld: _____

e) Produktion – Handel – Dienstleistungen – Konkurrenz:
_____

$$2001-4000$$

02. Welches Nomen paßt am besten zu welchem Satz?

Garantie	Börse	Krise
Prospekte (Pl.)	Lieferung	Steigerung

a) Der Umsatz der Holdorf AG war in diesem Jahr um 12%
   höher als im letzten. _____

b) Der Aktienhandel war gestern sehr ruhig; es gab keine
   großen Gewinne oder Verluste. _____

c) Wir bringen Ihnen die Ersatzteile morgen nachmittag ins
   Haus. _____

d) Die Firma hat in den letzten Jahren große Verluste
   gemacht und muß in diesem Monat 80 Leute entlassen.

   _____

e) Reparaturen an der neuen Maschine sind in den ersten
   zwei Jahren kostenlos. _____

f) Ich möchte Sie bitten, mir Informationen über Ihr neues
   Produktprogramm zu schicken. _____

03. Drei Nomen passen zusammen, eins paßt nicht dazu.

a) Einnahme – Profit – Lieferung – Umsatz

b) Prospekt – Muster – Werbung – Firma

c) Chef – Statistik – Daten – Bilanz

d) Herstellung – Krise – Produktion – Industrie

e) Direktor – Geschäftsleitung – Bedarf – Geschäftsführer

f) Export – Import – Sport – Handel

g) Verbraucher – Käufer – Ersatzteile – Kunde

204. In jedem Satz fehlt ein Verb!

ruinieren	versichern	produzieren
verbrauchen	exportieren	importieren

a) Unsere Familie ＿＿＿＿＿＿＿ im Durchschnitt
   10 Liter Milch pro Woche.
b) Diese Maschine ＿＿＿＿＿＿＿ pro Tag 250 Ersatz-
   teile.
c) Der Geschäftsführer wurde entlassen, weil er schwere
   Fehler in der wirtschaftlichen Planung gemacht hat.
   Damit hat er den Betrieb beinahe ＿＿＿＿＿＿＿.
d) Wir ＿＿＿＿＿＿＿ unser Produkt in acht verschie-
   dene Länder, aber hauptsächlich nach Frankreich und
   Italien.
e) Gestern wurde mein Autoradio gestohlen. Zum Glück
   habe ich mich gegen Diebstahl ＿＿＿＿＿＿＿.
f) Einige technische Teile können wir nicht selbst herstel-
   len; wir ＿＿＿＿＿＿＿ sie aus Japan.

6.2 Geschäfte und Einkauf   1–2000

205. Welches Nomen paßt dazu?

Kunde	Bäckerei	Metzgerei	Händler
Marke	Preis	Kaufhaus	Kasse

a) Kleidung – Textilgeschäft : Brot – ＿＿＿＿＿＿
b) Obst – Sorte : Auto – ＿＿＿＿＿＿
c) Personen – Geldbeutel : Geschäfte – ＿＿＿＿＿＿
d) gut/schlecht – Qualität : teuer/billig – ＿＿＿＿＿＿
e) Restaurant – Gast : Geschäft – ＿＿＿＿＿＿
f) produzieren – Hersteller : verkaufen – ＿＿＿＿＿＿
g) kleines Angebot – Laden : großes Angebot– ＿＿＿＿＿＿
h) Gemüse – Gemüseladen : Fleisch – ＿＿＿＿＿＿

06. In jedem Satz fehlt ein Nomen!

| Supermarkt | Quittung | Kiosk | Vorrat |

a) Das macht zusammen 43,50 DM. Möchten Sie eine
   _____?
b) □ Soll ich Kartoffeln einkaufen? ○ Nein, es ist noch ein
   großer _____ im Keller.
c) Ich kaufe das Brot immer in der Bäckerei, obwohl es im
   _____ billiger ist.
d) Die Geschäfte sind schon zu, aber ich weiß, wo ein
   _____ ist. Dort können wir ein paar
   Getränke kaufen.

07. Wie passen die Verben zu den Wörterbucherklärungen?

| aussuchen | handeln | kaufen | kosten | zahlen |

a) _____ : ein schönes Hemd, ein neues Fahrrad ~; bei der Firma Weyer kann man günstig Möbel ~; wollen wir den Kuchen selbst backen oder schnell einen ~?

b) _____ : **1.** ⟨*weniger bezahlen wollen*⟩ um den Preis ~; hier können Sie nicht ~, wir haben feste Preise; **2.** ⟨*anbieten, verkaufen*⟩ mit Elektroartikeln, mit Obst und Gemüse ~

c) _____ : ⟨*wählen*⟩ ein Gericht in der Speisekarte ~; eine Farbe aus dem Musterkatalog ~; ein Kleid aus dem Katalog ~

d) _____ : mit Scheck ~; bar ~; jeden Monat pünktlich die Miete ~; sie kann ihre Schulden nicht ~

e) _____ : die Reparatur wird wahrscheinlich sehr viel Geld ~; die Äpfel ~ 3,50 DM; was ~ diese Schuhe?

2001–4000

208. Was ist richtig?

a) ein Laden, in dem man Putzmittel, kosmetische Artikel und andere Waren für den Haushalt kaufen kann, ist
☐ eine Apotheke ☐ ein Kiosk ☐ eine Drogerie

b) ein Laden, in dem man zwischen vielen Artikeln aussuchen kann, hat
☐ eine große Auswahl ☐ ein großes Schaufenster
☐ eine gute Reklame

c) ein Geschäft, dessen Verkäufer freundlich sind, die Artikel gut kennen und die Kunden gut beraten, hat
☐ einen netten Inhaber ☐ einen guten Service
☐ eine gute Auswahl

d) der Inhaber eines Geschäfts ist
☐ der Kunde ☐ der Käufer ☐ der Besitzer

e) ein Geschäft, in dem Kleider mit chemischen Mitteln sauber gemacht werden, ist
☐ eine Reinigung ☐ eine Drogerie
☐ eine Wäscherei

f) Reklame ist ein anderes Wort für
☐ Schaufenster ☐ Werbung ☐ Service

g) Das ist
☐ eine Reihe
☐ eine Linie
☐ eine Schlange

6.3 Geld und Besitz | 1–2000

9. Drei Nomen passen zusammen, eins paßt nicht dazu.

a) Darlehen – Währung – Kredit – Schulden
b) Mark – Schilling – Verlust – Franken
c) Konto – Münze – Mark – Geld

0. Was paßt nicht?

a) ein Darlehen/einen Kredit: aufnehmen, zurückzahlen, sparen
b) Geld: sparen, verdienen, verlassen, ausgeben
c) Schulden: wechseln, machen, haben
d) einen Scheck: ausstellen, verdienen, einlösen
e) ein Konto: haben, besitzen, kaufen

2001–4000

1. Wohin passen die Wörter?

Scheck bargeldlos Schein Überweisung Münze bar

Bezahlung

a) *bar*   d) _____

b) *Münze*   c) _____   e) _____   f) _____

212. Ordnen Sie.

Vermögen	Verluste	Ausgaben	Verdienst
Gewinn	Schulden	Einkommen	Rente

a) Geld haben/bekommen	b) Geld verlieren

213. Wie passen die Dialogteile zusammen?

a) Meine Eltern haben mir 2000 DM geschenkt.

b) Wir haben nicht mehr genug Bargeld.

c) Mir fehlen noch 20 Pfennig für die Fahrkarte. Hast du zufällig Kleingeld?

d) Ich nehme dieses Buch hier. Kann ich mit einem großen Schein bezahlen?

e) Ich verstehe nicht, warum Jochen Schulden hat. Er verdient doch gut in seinem Beruf.

f) Ich kann dir jetzt das Geld zurückgeben, das du mir geliehen hast. Soll ich es dir bar geben?

A) Schon, aber er verschwendet sehr viel Geld für Autos und Kleidung.

B) Zwei Groschen habe ich bestimmt im Geldbeutel.

C) Willst du das Geld ausgeben oder auf dein Bankkonto einzahlen?

D) Das ist mir egal. Du kannst es auch auf mein Konto überweisen.

E) Doch, ich habe gestern 300 DM von meinem Konto abgehoben.

F) Ja das geht; ich habe genug Wechselgeld in der Kasse.

a	b	c	d	e	f

6.4 Arbeitswelt | 1−2000

4. Welches Verb paßt?

> beschäftigen   erledigen   arbeiten   kündigen
> tippen   vertreten   einstellen   bewerben

a) _____ : geistig, schnell, langsam, schwer, lange, zuverlässig ~; wie ein Pferd ~; bei der Firma Lotz ~; in der Planungsabteilung ~; in der Werkstatt, am Schreibtisch, auf dem Feld ~

b) _____ : eine Arbeit schnell ~; einen Auftrag, eine Bestellung pünktlich ~; die Post ~; den Einkauf ~

c) _____ : der Sekretärin ~; dem Abteilungsleiter ~; aus welchem Grund wollen Sie ihm ~?; einen Vertrag, eine Wohnung, ein Darlehen ~

d) _____ : sich um eine Stelle ~; sich bei der Firma Gebhard ~; sich für den Außendienst ~

e) _____ : wie viele Leute ~ Sie in Ihrer Firma?; wir ~ 62 Arbeiter und Angestellte

f) _____ : ich muß meinen Kollegen während seines Urlaubs ~; der Außenminister hat den kranken Ministerpräsidenten bei den Verhandlungen ~; kannst du mich bitte morgen für eine Stunde ~?

g) _____ : einen Brief, einen Bericht, eine Rechnung (mit der Schreibmaschine) ~

h) _____ : neue Leute ~; eine neue Sekrtärin ~; leider können wir niemanden mehr ~

215. Ordnen Sie.

Büro	Halle	Freizeit	Chef	Werk
Personal	Arbeiter	Betrieb	Ferien	Angestellter
Meister	Werkstatt		Pause	Urlaub

a) arbeitende Menschen	b) wo man arbeitet	c) Zeit, in der man nicht arbeitet

216. Welches Nomen paßt?

Angelegenheit	Mühe	Vertrag
Verantwortung	Computer	

a) einen } { unterschreiben
kündigen
schließen

b) mit dem } { arbeiten
am arbeiten
den bedienen
den benutzen

c) sich um die } { kümmern
sich mit der beschäftigen
die in Ordnung bringen
die erledigen

d) sich nicht viel ⎫   ⎧ geben
   sich große   ⎬ ———————— ⎨ machen
   sich die   ⎭   ⎩ sparen

e) eine große ⎫   ⎧ tragen
   die   ⎬ ———————— ⎨ haben
   die   ⎭   ⎩ ablehnen

17. Drei Nomen passen zusammen, eins paßt nicht dazu.

a) Lohn – Einkommen – Qualität – Gehalt
b) Mühe – Leistung – Arbeit – Computer
c) Kopie – Erfolg – Karriere – Leistung
d) Arbeit – Urlaub – Aufgabe – Beschäftigung

$$2001 - 4000$$

18. Drei Nomen passen zusammen, eins paßt nicht dazu.

a) Aktie – Termin – Bank – Zinsen
b) Diktat – Schreibmaschine – Projekt – Papier
c) Handwerk – Datum – Termin – Kalender
d) Schreibmaschine – Vertreter – Füller – Kugelschreiber
e) Konferenz – Daten – Tabelle – Zahlen
f) Notizbuch – Heft – Block – Aktie
g) Kollege – Leiter – Direktor – Vorsitzender
h) Arbeitnehmer – Handwerk – Beschäftigte – Personal
i) Kongreß – Konferenz – Sitzung – Unterschrift

19. Was paßt zusammen?

a	
b	
c	
d	
e	

a) Gewerkschaft   (A) Zahlen
b) Arbeitszeit   (B) Feierabend
c) Projekt   (C) Planung
d) Praktikant   (D) Mitbestimmung
e) Daten   (E) Berufsanfänger

220. Ergänzen Sie die Nomen.

Belastung   Gewerkschaft   Arbeitszeit
Anforderungen (Pl.)   Streik   Sitzung   Unterschrift
Zusammenarbeit   Tarife (Pl.)   Beratung   Mitarbeiter (Pl.)
Arbeitslosigkeit   Mißerfolge (Pl.)   Abteilungen (Pl.)

a) Die _____ forderte die Beschäftigen
   zum _____ auf, um für eine kürzere
   Arbeitszeit und höhere Lohn-_____
   zu kämpfen.

b) Die _____ ist im letzten Monat wieder
   größer geworden. Jetzt sind 9,5% aller Arbeitnehmer
   ohne Arbeit.

c) Unserer Firma geht es schlecht. Die neuen Produkte
   waren fast alle _____.

d) Die _____ wird zwar immer kürzer,
   aber es muß in kürzerer Zeit mehr produziert werden.
   Dadurch steigt natürlich die körperliche und psychische
   _____ der Arbeitnehmer.

e) Werkzeug und Maschinen kaufe ich nur noch bei Goltz,
   weil es dort einen schnellen Reparaturservice und gute
   _____ durch Fachpersonal gibt.

f) Fast 15% der Kursteilnehmer haben die letzte Prüfung
   nicht bestanden. Die _____ waren zu
   hoch, vor allem der schriftliche Teil der Prüfung war zu
   schwierig.

g) Der Chef ist im Moment nicht da. Er ist in einer
   _____ der Abteilungsleiter.

h) Der Vertrag ist ohne die zweite _____
   von Herrn Lammers nicht gültig.

i) Der Chef bedankte sich bei allen _____
   für die gute _____.

j) Haben Sie den Besucher durch alle _____
   des Betriebs geführt?

21. Welches Verb paßt am besten zu welchem Satz?

| streiken | anstellen | leiten |
| entlassen | unterschreiben | verpachten |

a) Der Vermieter verlangt für die Geschäftsräume in der Stadt 1200 DM pro Monat. _____

b) Herr Jacob ist Chef der Verkaufsabteilung.

_____

c) Frau Langer hat ihre Stelle verloren, weil der Betrieb wirtschaftliche Schwierigkeiten hat.

_____

d) Die Firma Bolten sucht noch zwei Elektriker.

_____

e) Weil die Geschäftsleitung nur 2% mehr Lohn anbietet, wurde gestern nachmittag in unserem Betrieb nicht gearbeitet. _____

f) Auf einer Seite des Vertrags fehlt noch die Unterschrift von Frau Richter. _____

6.5 Post und Telefon   1–2000

22. Ergänzen Sie die Nomen.

| Paket | Telefon | Adresse | Anruf | Empfänger |
| Anschrift | Gespräch | Telefonzelle | Telefonbuch | Porto |

a) Petra, komm bitte zum Telefon. Der _____
   (das _____) ist für dich.

b) Wieviel kostet das _____ für diesen Brief?

c) □ Wo kann man hier telefonieren?
   ○ Die nächste _____ steht vor dem Rathaus fünf Minuten von hier.

d) Ab Montag habe ich ein eigenes _____.
   Dann kannst du mich zu Hause anrufen.

e) Ich habe deinen Brief nicht bekommen. Du hast bestimmt
   die _____ (die _____) falsch
   geschrieben.

f) Ich wollte Sie anrufen, aber im _____
   konnte ich Ihren Namen nicht finden.

g) Dies ist kein Päckchen, sondern ein _____ .
   Es wiegt über 2 Kilogramm.

h) Ich habe dir geschrieben, aber mein Brief ist zurückge-
   kommen. , _____ unbekannt' stand auf dem
   Umschlag.

$$2001-4000$$

223. Zu jedem Bild paßt ein Nomen.

| Briefkasten | Briefträger | Briefmarke | Briefumschlag |
| Postkarte | Postamt | Telefonkabine | Schalter |

a)

b)

c)

d)

e)

f)

POST

g)

PÄCKCHEN
PAKETE

h)

224. Wie heißt das auf deutsch?

Die internationalen Sprachen der Post sind Französisch und Englisch. Ergänzen Sie die deutschen Ausdrücke.

Postanweisung   Einschreiben   Luftpost
Drucksache   postlagernd

a) lettre recommandée/registered letter: _____
b) imprimé/printed matter: _____
c) par avion/by airmail: _____
d) mandat-poste/postal order: _____
e) poste restante/poste restante: _____

225. Wie heißt das? Ergänzen Sie den Artikel.

a) _____

b) _____

c) _____

d) _____

e) _____

26. Wie passen die Dialogteile zusammen?

a)	Hast du Monika schon angerufen?	A)	Sie haben telegraphiert.
b)	Ich habe gestern mit meinen Verwandten in Kanada telefoniert.	B)	Hoffentlich ist es ein billiges Ortsgespräch.
c)	Woher weißt du, wann Christa und Helmut am Bahnhof ankommen?	C)	Ich habe es probiert, aber es ist dauernd besetzt.
d)	Unsere Tochter telefoniert schon seit zwei Stunden mit einer Freundin.	D)	Ist so ein Ferngespräch nicht schrecklich teuer?

a	b	c	d

6.6 Behörden, Polizei   1–2001

27. Drei Nomen passen zusammen, eins paßt nicht dazu.

a) Amt – Beamter – Behörde – Verwaltung
b) Gesetz – Vorschrift – Regel – Formular
c) Beamter – Urkunde – Angestellter – Polizist

28. Was paßt zusammen?

a) eine Gebühr	a	A) verlängern lassen
b) ein Formular	b	B) rufen
c) die Feuerwehr	c	C) verhaften
d) einen Ausweis	d	D) unterschreiben
e) einen Dieb	e	E) bezahlen

229. Welches Nomen paßt?

Vorschriften (Pl.)	Schutz	Kontrolle
Maßnahmen (Pl.)	Genehmigung	

a) Die Regierung hat _____

gegen die Wohnungsnot zur	ergriffen.
Lösung der Verkehrsprobleme	vorgeschlagen.
zur Verbesserung des Gesundheits-	diskutiert.
dienstes	
gegen die Arbeitslosigkeit	

b) Seit heute gelten im Betrieb neue _____

für den Arbeitsschutz.

für die Pausenzeiten.

für den Gebrauch der Kopiergeräte.

c) Die Firma hat von der Behörde die _____

für den Betrieb der neuen Maschinen	bekommen.
für den Bau der neuen Werkshalle	
für die Benutzung der Abwasserkanäle	

d) Herr Martens ist in der Abteilung für die _____

der Maschinen	verantwortlich.
der Lieferfristen	
der Endprodukte	

e) Die Behörden haben Maßnahmen zum _____

der Bürger in den Hochwassergebieten	ergriffen.
vor neuen Unfällen in der chemischen	
Industrie	
der Kinder auf den Schulwegen	

2001–4000

0. Was wollen die Leute auf dem Amt erledigen?

eintragen	regeln	nachweisen	ausfüllen
beantragen		anmelden	abmelden

a) Ich will mein neues Auto _____ und das alte
   _____.

b) Ich möchte eine Baugenehmigung _____.

c) Ich möchte mich in die Warteliste für eine Sozialwoh-
   nung _____ lassen.

d) Ich muß einen Antrag für Wohngeld _____
   und brauche dafür Hilfe, weil ich zwei Fragen nicht ver-
   stehe.

e) Ich muß eine Sache auf dem Ordnungsamt _____.

f) Ich bekomme Sozialhilfe und muß mit meinen Unter-
   lagen _____, daß ich zur Zeit kein Einkom-
   men habe.

1. Drei Nomen passen zusammen, eins paßt nicht dazu.

a) Papiere – Paragraph – Formulare – Anträge

b) Regelung – Bestimmung – Vorschrift – Wartesaal

c) Zoll – Polizei – Stempel – Feuerwehr

6.7 Rechtswesen | 1 – 2000

232. In jedem Satz fehlt ein Verb.

bestrafen	betrügen	verurteilen
zwingen	stehlen	beweisen

a) Er hatte ein Messer in der Hand und wollte mich
_____, in sein Auto einzusteigen. Zum
Glück kam in diesem Moment Hilfe.

b) Ich glaube nicht, daß er ins Gefängnis muß. Wahr-
scheinlich wird er nur leicht _____, weil er
noch so jung ist.

c) Jemand hat mein Fahrrad _____. Ich war
nur ganz kurz in einem Geschäft, und als ich wieder
herauskam, war mein Fahrrad nicht mehr da.

d) Können Sie _____, daß Sie in dieser Nacht
Ihre Wohnung nicht verlassen haben?

e) Die Richterin hat den Dieb zu 3 Jahren Gefängnis
_____.

f) Sei vorsichtig mit diesem Mann, damit er dich nicht um
dein Geld _____.

233. Wer ist was?

Richter(in)	Verbrecher(in)	Dieb(in)	Zeuge (Zeugin)
Rechtsanwalt(-anwältin)		Verteidiger(in)	

a) Er hat aus einer Wohnung wertvolle Bilder gestohlen.
_____

b) Sie hat beobachtet, wie ein Unfall passiert ist. Vor
Gericht wird sie gefragt, was sie gesehen hat.
_____

c) Er hat zwei Menschen getötet und drei schwer verletzt,
um ihr Geld stehlen zu können. _____

d) Sie hat ein Büro und berät Menschen in Rechtsfragen.
In einem Strafprozeß spricht sie für den Angeklagten/die
Angeklagte. _____

e) Er leitet Gerichtsprozesse und spricht das Urteil.
_____

4. Ein Adjektiv paßt nicht.

a) Der Richter hat ein | mildes | Urteil gesprochen.
zartes
gerechtes
strenges

b) Mord ist ein | furchtbares | Verbrechen.
schweres
hohes
schlimmes

c) Er leidet sehr unter dieser | schweren | Schuld.
schlimmen
großen
weiten

d) Ich finde, 3 Jahre Gefängnis | schwere | Strafe.
sind eine | schwierige
harte
leichte

e) Hans K. steht unter dem | schlimmen | Verdacht, ein
starken | Mörder zu sein.
schweren
dicken

235. Wie passen die Satzhälften zusammen?

a) Er hatte vor einiger Zeit einen Streit mit dem Mordopfer,

b) Die Bankangestellte wollte den Geldschrank nicht öffnen,

c) Felix M. hat sieben Jahre unschuldig im Gefängnis gesessen;

d) Dieser Mann kommt mir verdächtig vor;

e) Sie stehen hier im Halteverbot;

A) ihm ist großes Unrecht geschehen.

B) aber das ist kein Beweis für seine Schuld.

C) das kostet 40 DM.

D) er schaut immer in die Autos hinein, wenn die Fahrer den Parkplatz verlassen haben.

E) aber sie wurde mit Gewalt dazu gezwungen.

a	b	c	d	e

$$2001-4000$$

6. Wie nennt man diese Personen?

a) Jemand, der einen Menschen getötet hat: *M . rd . r*
b) Jemand, der im Gefängnis sitzt: *Hä . . l . ng*
c) Jemand, der in fremde Häuser kommt, um zu stehlen:
   Ein . . e . . er
d) Jemand, der sich mit Tricks und Lügen Geld oder
   andere Vorteile verschafft: *Be . . ü . er*
e) Ein höherer Beamter bei der Kriminalpolizei: *Ko . . i . . ar*

7. In jedem Satz fehlt ein Nomen!

Aussage	Beute	Jurist	Motiv
Täter	Staatsanwalt		Vernehmung

a) Ich glaube nicht, daß er der Mörder ist; er hatte doch
   gar kein _____ .
b) Der _____ forderte für den Angeklag-
   ten eine Gefängnisstrafe von 10 Jahren.
c) Klaus studiert Rechtswissenschaften; er will
   _____ werden.
d) Letzte Woche wurde im Hafen ein Mann erschossen. Die
   Polizei hat den _____ noch nicht
   gefunden.
e) Der Einbrecher hat seine _____ im
   Wald versteckt.
f) Bei der _____ durch den Richter ist
   der Angeklagte zusammengebrochen; er hat den Bank-
   raub zugegeben.
g) Der Zeuge hat vor Gericht eine falsche _____
   gemacht.

238. Drei Verben passen zusammen, eins paßt nicht dazu.

    a) ermorden – fliehen – töten – erschießen
    b) verstoßen – anklagen – beschuldigen – anzeigen
    c) stehlen – berauben – rauben – schwören

239. Wie ist die zeitliche Reihenfolge bei einem Prozeß? Ergänzen Sie den Artikel. Ordnen Sie die Wörter.

| Verhandlung | Berufung | Klage | Urteil | Anzeige |

Zuerst _____ , dann _____ ,
dann _____ , dann _____ ,
dann (vielleicht) _____ .

7 Kunst und Interessen

7.1 Theater, Film, bildende Kunst | 1–2000

240. Was paßt zusammen?

a) Publikum ist ein anderes Wort für...	Text
b) Maler, Schauspieler und Musiker sind...	Museum
c) Der Schauspieler spielt seine...	Kapitel
d) Schauspieler stehen abends auf der...	Zuschauer
e) Die Schauspielerin lernt ihren...	Bühne
f) Kunstobjekte stehen und hängen im...	Künstler
g) Der Film läuft täglich im...	Titel
h) Der Musiker spielt ein...	Eintritt
i) Das Buch hat fünfzehn...	Rolle
j) Die Vorstellung kostet...	Kino
k) Jedes Buch hat einen...	Instrument

2001–4000

241. Welches Nomen paßt dazu?

Pinsel	Szene	Akt	Schriftsteller	Komödie
Motiv		Galerie	Leser	Regisseur

a) Roman – Autor : Film – _____

b) Buch – Thema : Bild – _____

c) Film – Zuschauer : Buch – _____

d) Roman – Kapitel : Drama : _____

e) Schriftsteller – Schreibmaschine : Maler – _____

f) Zeichnung – Maler : Buch – _____

g) Text – Abschnitt : Film – _____

h) ernst – Drama : lustig – _____

i) Bücher – Buchhandlung : Bilder – _____

42. Welches Nomen hat die gleiche oder eine ähnliche Bedeutung?

a) Schriftsteller
b) Aufführung
c) Gedicht
d) Geschichte
e) Kasse

a	
b	
c	
d	
e	

A) Roman
B) Lyrik
C) Autor
D) Eintritt
E) Vorstellung

7.2 Musik | 1–2000

43. In jedem Satz fehlt ein Nomen!

> Oper   Beifall   Melodie   Konzert   Orchester

a) Nach dem Konzert gab es einen langen _____ für den Künstler.
b) Der Text und die _____ des Liedes wurden von zwei verschiedenen Personen geschrieben.
c) Eva Dohm spielt im _____ des Bremer Stadttheaters Geige.
d) Bei den Wagner-Festspielen in Bayreuth wurde dieses Jahr die _____ ,Parzival' gespielt.
e) Das Schulorchester gibt heute abend für Eltern, Lehrer und Schüler ein _____ .

44. Was paßt nicht?

a) Sie | spielt / besitzt ein / singt / übt | Klavier.

b) Er | hört / sieht / macht / liebt | Musik.

c) Sie | spielt eine | Melodie.
kennt diese
übt eine
macht eine

d) Er | besucht eine | Oper.
liebt die
weiß jede
kennt jede

e) Sie | singt ein | Lied.
spielt auf dem Klavier ein
mag dieses
besucht ein

f) Er | besucht ein | Konzert.
geht zu einem
singt ein
hört im Radio ein

2001—4000

245. Zu jedem Bild gehört ein Nomen.

| Geige | Plattenspieler | Sänger | Kapelle |

a)

b)

46. Wie nennt man ...

a) jemanden, der Musikstücke, Lieder oder Opern
   schreibt? *K . mpo . . st*
b) eine Gruppe von Menschen, die zusammen singen?
   C . . r
c) aktuelle, beliebte Lieder? *Sch . a . . r*
d) mehrere Musiker, die zusammen Tanzmusik machen?
   Ka . . ll .

c)

d)

7.3 Medien   1–2000

247. Was kann man lesen? Was kann man hören und sehen?

| Fernsehen | Buch | Rundfunk | Illustrierte |
| Radio | Zeitung | Presse | Sendung | Film |

a) Man liest es:	b) Man hört und/oder sieht es:

248. Welches Nomen paßt?

| Sprecher(in) | Programm | Verlag |
| Nachrichten | Fernseher/Fernsehapparat |

a) die neuesten Informationen aus Politik, Wirtschaft und Kultur: _____

b) das Gerät, mit dem man das Fernsehprogramm empfängt: _____

c) Mitarbeiter(in) bei Radio oder Fernsehen, der/die zum Beispiel die Nachrichten vorliest:

_____

d) das Angebot an Sendungen in Radio oder Fernsehen:

_____

e) eine Firma, die Bücher oder Zeitschriften entwickelt, produziert und verkauft: _____

2001—4000

49. Welche Nomen passen zu den Wörterbuch-erklärungen?

> Hörer   Veröffentlichung   Empfang
> Zeitschrift   Störung   Übertragung

a) _____ : ⟨*Sendung*⟩ die ~ eines Kon-
zerts, eines Handballspiels im
Radio; wir haben die ~ der Dis-
kussion im Fernsehen gesehen.

b) _____ : ⟨**1.** *Rundfunkteilnehmer*⟩ ‚Guten
Abend, liebe ~!‘
⟨**2.** *Begrüßung im Radio durch
eine(n) Sprecher(in)*⟩; diese
Radiosendung hat viele ~

c) _____ : ⟨*das Hören/Sehen einer Radio-/
Fernsehsendung*⟩ der ~ war
leider nicht störungsfrei; wir hat-
ten leider einen schlechten ~

d) _____ : die ~ des neuesten Romans
von Günter Grass ist für Septem-
ber geplant; von der Autorin gibt
es seit vier Jahren keine neue ~

e) _____ : ⟨*Fehler, Defekt*⟩ ‚Liebe Fernseh-
zuschauer, entschuldigen Sie
bitte die ~; die Sendung muß
wegen einer technischen ~ un-
terbrochen werden‘

f) _____ : ⟨*Illustrierte*⟩ eine Fernseh-~,
eine Sport-~, eine Frauen-~;
diese ~ hat eine hohe Auflage,
viele Leser

250. Was paßt nicht?

a) veröffentlichen: ein neues Buch, ein Tonbandgerät, Briefe von Thomas Mann, einen Roman

b) unterhalten: den Wetterbericht, die Zuhörer, die Zuschauer, das Publikum

c) drucken: ein Buch, eine Zeitung, ein Plakat, eine Redaktion

d) übertragen: ein Fußballspiel, eine Störung, ein Konzert, die Rede des Präsidenten

e) senden: einen Spielfilm, einen Kriminalfilm, einen Hörer, den Wetterbericht

251. Was paßt zusammen?

a) bekannte Persönlichkeit, Fragen, Antwort:

b) Zeitung, Zeitschrift, 100 000, drucken:

c) Veröffentlichung, Werbung, Zeitung:

d) Überschrift, groß, fett, wichtig:

e) Regen, Sonne, Temperatur, morgen:

f) Leser, Meinung, Kritik, Lob, schreiben:

A) Schlagzeile

B) Wetterbericht

C) Interview

D) Auflage

E) Zuschrift

F) Anzeige

a	b	c	d	e	f

7.4 Freizeitbeschäftigungen | 1–2000

252. Was paßt nicht?

a) ein Kind, einen Namen, eine Kirche, Leute: | fotografieren

b) Karten, Fußball, Schach, Tennis, Sport: | spielen

c) einen Tango, mit einer Freundin, ein | tanzen
   Spiel, einen Walzer:

d) sich von einem Foto, sich von der | erholen
   Arbeit, sich von einer Krankheit, sich
   beim Spazierengehen:

53. Welches Nomen paßt?

| Foto | Spiel | Freizeit | Bild | Vergnügen |

a) das, was ein Künstler malt: _____

b) die Zeit, in der man nicht arbeitet: _____

c) das Bild, das man mit einer Kamera macht:

   _____

d) Beschäftigung in der Freizeit für Kinder und Erwachsene: _____

e) das Gefühl, das man hat, wenn einem eine Sache Spaß macht: _____

$$2001-4000$$

54. Drei Nomen passen zusammen, eins paßt nicht dazu.

a) Hobby – Freizeit – Spiel – Arbeit

b) Foto – Kamera – Bummel – Dia

c) Bummel – Tanz – Wanderung – Spaziergang

d) Rätsel – Frage – Dia – Lösung

55. Was paßt nicht?

a) ausgehen: ins Kino, ins Bett, ins Restaurant, ins Theater

b) baden: in einem Fluß, im Meer, in der Badewanne, im Wald

c) spazierengehen: in der Wohnung, in der Stadt, im Park, im Wald

d) stricken: einen Pullover, Handschuhe, Lederstiefel, einen Schal

e) wandern: in den Bergen, im Gebirge, durch Wald und Wiesen, im Garten

f) amüsieren: sich beim Tanzen, sich mit der Zeit, sich im Kino, sich mit Freunden

7.5 Sport   1–2000

256. Wie heißen die Nomen vollständig?

a) kleiner Raum, in dem man sich (z. B. zum Schwimmen) umziehen kann: *Ka . i . e*

b) runder Gegenstand zum Spielen aus Gummi oder Leder: *B . ll*

c) Gruppe von Spielern (beim Fußball sind es elf): *Mann . . . a . t*

d) körperliche Betätigung in der Freizeit: *Sp . . t*

e) Ort, an dem große Fußballspiele und andere sportliche Veranstaltungen stattfinden: *St . d . on*

f) Zielort bei Fußballspielen: *. or*

g) sportliche Übung, um mehr leisten zu können: *T . ai . ing*

a)   b)   c)

2001—4000

57. Welche Sportart paßt zu welcher Zeichnung?

> radfahren segeln rudern schießen Ski laufen
> reiten turnen tauchen Tennis spielen Golf spielen

d)

e)

f)

g)

h)

i)

j)

258. Was paßt zusammen?

a) große Rasenfläche, kleiner Ball; Löcher:

A) Tennis

b) etwas am schnellsten, am besten, am höchsten können:

B) Schwimmbad

c) Person, Sport, Wettbewerb beobachten, entscheiden, strafen:

C) Wettbewerb

d) draußen oder in der Halle, Wasser, Badeanzug:

D) Golf

e) Schnee, Sport, Berge:

E) Rekord

f) 2 Spieler, kleiner Ball, Netz, hin und her schlagen:

F) Schiedsrichter

g) Sport, Leistung, Konkurrenz, Anstrengung, gewinnen wollen:

G) Ski laufen

a	b	c	d	e	f	g

8.   Öffentliches Leben

8.1 Staat und Politik   1 – 2000

259. In jedem Satz fehlt ein Nomen!

Heimat	Öffentlichkeit	Demokratie
Ausländer	Staaten (Pl.)	Grenze Wahl

a) Die _____ zwischen den beiden Staaten ist seit einem Jahr geöffnet.

b) In Deutschland leben ca. 78 Millionen Menschen: 73 Millionen Deutsche und 5 Millionen _____ .

c) In den Zeitungen und in der _____ wird das neue Gesetz stark kritisiert.

d) Die letzte _____ hat die Regierungspartei mit 52,5% gewonnen.

e) Bis 1990 gab es in Deutschland zwei deutsche _____: die DDR und die Bundesrepublik, heute sind beide vereinigt.

f) In einer _____ wählt das Volk das Parlament in freien und geheimen Wahlen.

g) Viele Menschen mußten wegen des Krieges fliehen und haben dadurch ihre _____ verloren.

260. Drei Nomen passen zusammen, eins paßt nicht dazu.

a) Verhandlung – Bürgermeister – Kanzler – Präsident

b) Gesetz – Regel – Macht – Vorschrift

c) Verhandlung – Wahl – Gespräch – Diskussion

d) Volk – Öffentlichkeit – Land – Bürger

e) Land – Republik – Staat – Freiheit

61. Wie heißen die Adjektive zu den folgenden Nomen?

a) Ausland   – _____
b) Freiheit   – _____
c) Staat   – _____
d) Demokratie   – _____
e) Politik   – _____
f) Gesetz   – _____

2001 – 4000

62. Welches Nomen paßt?

Abgeordnete(r)   Außenminister(in)   Finanzminister(in)
Innenminister(in)   Kaiser(in)   König(in)   Spion(in)

a) in einer Regierung verantwortlich für die Einnahmen und Ausgaben des Staates: _____
b) in einer Regierung verantwortlich für die Beziehungen zu anderen Ländern: _____
c) in einer Regierung verantwortlich für die allgemeine Verwaltung des eigenen Staates:

_____
d) gewähltes Mitglied eines Parlaments: _____
e) oberste(r) Herrscher(in) in einer Monarchie:

_____ *(2 Lösungen)*
f) verrät geheime politische oder militärische Informationen: _____

190

263. Welches Nomen paßt zu welcher Schlagzeile?

Unruhen	Nachfolger	Opposition
Propaganda	Reform	Gleichberechtigung
Stellvertreter	Abkommen	Rücktritt
Mehrheit	Demonstrationen	Koalition

a) Die Parteien der Mitte-Rechts-_____
   sind sich über die neuen Steuergesetze nicht einig.

b) Premierminister verteidigt sich gegen Vorwürfe: „Ich bin
   Opfer einer _____ von Presse und
   Fernsehen."

c) Der Konflikt zwischen Weißen und Schwarzen wird
   schärfer. _____ und _____
   in Südafrika. 200 Personen verhaftet.

d) Gewerkschaften fordern mehr _____
   von Männern und Frauen am Arbeitsplatz.

e) Keine _____ im Parlament. Regierung
   muß zurücktreten.

f) Leere Kassen in der Rentenversicherung. Opposition
   fordert eine gründliche _____.

g) Regierungskrise in Italien. Opposition fordert
   _____ des Ministerpräsidenten.

h) Der Streit zwischen Regierung und _____
   über die Schulgesetze geht weiter.

i) Neues Kultur-_____ zwischen der
   Bundesrepublik und Polen wird morgen unterzeichnet.

j) Premierminister entläßt Innenminister. Name des
   _____ noch unbekannt.

k) Ministerpräsident Olafson plötzlich gestorben. Sein
   _____ übernimmt vorübergehend die
   Regierungsgeschäfte.

264. Wie heißen die Gegensätze?

Königreich	Wahrheit	Kommunismus
Opposition	Unterdrückung	Innenpolitik

a) Ideologie – _____
b) Kapitalismus – _____
c) Freiheit – _____
d) Republik – _____
e) Regierung – _____
f) Außenpolitik – _____

55. Wie heißen die Adjektive zu diesen Nomen?

a) Bürger – _____
b) Inland – _____
c) Diplomat – _____
d) Kommunismus – _____
e) Kapitalismus – _____
f) Nation – _____
g) Sozialismus – _____
h) Unabhängigkeit – _____
i) König – _____

56. Wie passen die Dialogteile zusammen?

a)	Kennst du seine politischen Ansichten?	A)	Die Arbeitslosigkeit bei Jugendlichen. Viele finden nach der Schule keinen Ausbildungsplatz.
b)	In dieser Kleinstadt wohnen sehr viele Ausländer.	B)	Ich glaube, er ist sehr konservativ.
c)	Was ist Ihrer Meinung nach das größte soziale Problem des Landes?	C)	Die Konservativen sind der Meinung, daß die bestehenden Gesetze zu liberal sind.
d)	Warum streiten sich die Koalitionsparteien über das Demonstrationsrecht?	D)	Haben sie Probleme mit der einheimischen Bevölkerung?

a	b	c	d

8.2 Krieg und Frieden   1–2000

267. Welches Nomen paßt zu welcher Wörterbucherklärung?

> Widerstand   Feind   Sieger
> Bedrohung   Frieden   Armee

a) _____ : ⟨*Militär*⟩ eine große, kleine ~; die ~ kämpft gegen den Feind; er will zur ~ gehen, um Offizier zu werden; wie viele Soldaten hat diese ~?

b) _____ : ⟨*Gegner*⟩ ein gefährlicher, alter ~; den ~ töten, hassen; er hat wenig Freunde, aber viele ~e; Angst vor dem ~ haben

c) _____ : ~ schließen; den ~ brechen, stören; nach dem langen Krieg haben die beiden Länder endlich ~ geschlossen; sich ~ wünschen; den ~ lieben

d) _____ : ein langer, harter, schwacher ~; den ~ aufgeben; gegen die Feinde ~ leisten; gegen einen Befehl ~ leisten; ~ leisten gegen die politische Unterdrückung

e) _____ : ⟨*Gefahr*⟩ eine starke, gefährliche ~; die modernen Waffen sind eine ~ für alle Menschen; dieser internationale Konflikt ist eine ~ für den Frieden; wegen der ~ durch seine Feinde braucht das Land eine starke Armee

f) _____ : ⟨*Gewinner*⟩ in diesem Krieg wird es keinen ~ geben; welche Länder waren ~ im 1. Weltkrieg?

68. Was paßt zusammen?

a) einen Krieg gewinnen:
b) eine Stadt mit Bomben kaputt machen:
c) eine Pistole benutzen:
d) sich wehren, Widerstand leisten:

a	
b	
c	
d	

A) sich verteidigen
B) siegen
C) zerstören
D) schießen

69. Welches Bild paßt zu welchem Nomen?

Bombe	Soldat	Waffen	Zerstörung

a)

b)

c)

d)

2001–4000

270. Drei Nomen passen zusammen, eins paßt nicht dazu.

a) Großmacht – Soldat – Offizier – General
b) Armee – Truppe – Niederlage – Streitkräfte
c) Streit – Abrüstung – Konflikt – Kampf
d) Gewehr – Pistole – Kanone – Flüchtling
e) Kampf – Held – Schlacht – Krieg
f) Luftwaffe – Marine – Heer – Verbündeter

271. Welches Nomen paßt?

Großmächte   Kugel   Niederlage   Alarm
Bundeswehr   Verbündete   Atombombe   Held(in)

a) Warnung vor einem Angriff/vor einer plötzlichen Bedrohung: _____
b) Waffe mit der größten Zerstörungskraft: _____
c) Name für die Armee in der Bundesrepublik: _____
d) Politische Bezeichnung für die UdSSR und die USA: _____
e) eine Person, die besonders mutig ist: _____
f) das Metallstück, das durch eine Pistole abgeschossen wird: _____
g) zwei oder mehr Länder, die im Krieg gemeinsam kämpfen: _____
h) das Gegenteil von Sieg: _____

272. Was paßt nicht?

a) angreifen: ein anderes Land, eine feindliche Armee, eine Stadt, einen Alarm
b) besetzen: ein Land, eine Stadt, eine Armee, ein Gebiet
c) besiegen: den Gegner, den Feind, eine Armee, die Flucht

d) erobern: ein Kommando, ein Land, feindliche
                 Waffen, ein Gebiet
e) fliehen: vor dem Feind, vor dem Frieden, aus
                 der Stadt, aus dem Gefängnis
f) marschieren: in den Krieg, in den Kampf, in die
                 Flucht, in die Schlacht

8.3 Kirche und Religion   1–2000

73. Ein Adjektiv paßt nicht!

a) Einen anderen Menschen zu töten, ist für Christen eine *schwere/lange/große* Sünde.
b) Ein religiöser Mensch hat einen *harten/festen/tiefen* Glauben.
c) Er hat nichts Böses getan, deshalb hat er ein *gutes/reines/ordentliches* Gewissen.
d) Sie ging in die Kirche, um ein *breites/langes/stilles* Gebet zu sprechen.

74. Welches Nomen paßt?

Weihnachten	Bibel	Gottesdienst
Christ	Seele	Gott

a) das höchste Wesen, zu dem die Menschen in vielen Religionen beten: _____
b) religiöses Fest zum Geburtstag von Jesus Christus:
_____
c) Teil des Menschen, der nach christlichem Glauben nicht sterben kann: _____
d) Angehöriger der christlichen Religion: _____
e) Religiöses Buch der Christen: _____
f) christliche Feier in einer Kirche: _____

$$2001-4000$$

275. Welches Nomen paßt?

a) ein hohes kirchliches Amt in der evangelischen und
katholischen Kirche
☐ Christ   ☐ Pfarrer   ☐ Bischof

b) das Wesen, das für die Christen das Symbol des Bösen
ist
☐ Teufel   ☐ Hölle   ☐ Sünde

c) dahin kommen die schlechten und bösen Menschen
nach ihrem Tod, glauben die Christen
☐ Himmel   ☐ Hölle   ☐ Kirche

d) dahin kommen die guten und frommen Menschen nach
ihrem Tod, glauben die Christen
☐ Himmel   ☐ Seele   ☐ Friedhof

e) das höchste religiöse Amt in der katholischen Kirche
☐ Priester   ☐ Bischof   ☐ Papst

f) mit diesem Fest feiern die Christen die Auferstehung
von Jesus Christus nach seinem Tod
☐ Weihnachten   ☐ Sonntag   ☐ Ostern

g) Religion, die im 7. Jahrhundert n. Chr. von Mohammed
gegründet wurde
☐ Islam   ☐ Judentum   ☐ katholische
Kirche

h) die Katholiken glauben, daß es nur einen Gott gibt, der
aber aus drei Wesen besteht: Gott Vater, Gott Sohn und
...
☐ Mutter Gottes   ☐ heiliger Geist   ☐ Papst

8.4 Schule und Ausbildung | 1–2000

6. Wie nennt man . . . ?

a) die freien Tage oder Wochen, in denen die Schüler nicht zur Schule gehen müssen: . er . . n
b) eine Gruppe von Schülern, die jeden Tag zusammen Unterricht hat: . la . se
c) die Zeit zwischen zwei Unterrichtsstunden in der Schule: . au . e
d) die Zeit, in der man einen Beruf lernt oder studiert: A . sb . . . un .
e) das Lernen an der Universität: . tu . . um
f) die jungen Leute, die eine Universität besuchen und dort studieren: St . . . . t . n
g) die Sache, über die man (z. B. in einer Diskussion) spricht: Th . . a

7. Welches Nomen paßt?

Übung	Kurs	Aufmerksamkeit	Text	Schule

a) _____ : ⟨*Konzentration auf eine Sache*⟩ mit großer ∼ zuhören, beobachten; die Zuhörer um ∼ bitten

b) _____ : einen ∼ für Deutsch als Fremdsprache besuchen; an einem ∼ teilnehmen

c) _____ : jeden Tag zur ∼ gehen; mit 6 Jahren zur ∼ kommen; Lehrer an einer ∼ sein

d) _____ : einen ~ ins Deutsche über-
setzen; einen ~ lesen,
schreiben; einen schwierigen
~ nicht verstehen

e) _____ : eine ~ zum Perfekt machen;
eine leichte, schwierige, lang-
weilige ~

$$2001-4000$$

278. Ordnen Sie die Nomen.

Institut	Gymnasium	Schüler	Heft	Papier
Klasse	Semester	Student	Füller	Kugelschreiber
Hausaufgabe	Universität	Hochschule	Professor

a) zum Schreiben	b) Studium	c) Schule

9. Ergänzen Sie die fehlenden Nomen.

Fehler	Prüfung	Lösung	Note	Zeugnis	Test

Carmen hat letzte Woche ihre (a) _____ für das Zertifikat Deutsch als Fremdsprache bestanden. Nur im Grammatik- (b) _____ hat sie zwei

(c) _____ gemacht, sonst waren alle ihre

(d) _____ richtig. Dafür hat sie die

(e) _____ ‚sehr gut' bekommen. Die Lehrerin verteilt die (f) _____ in der letzten Unterrichtsstunde des Kurses.

280. Wie passen die Satzteile zusammen?

a) Der Test war sehr schwer;

b) Unser Sohn lernt in der Schule Englisch und Französisch;

c) Ich habe meine Brille vergessen;

d) In den nächsten Monaten habe ich wenig Zeit;

A) nächstes Jahr kommt noch eine dritte Fremdsprache dazu.

B) deshalb kann ich nicht lesen, was an der Tafel steht.

C) ich konnte nur die Hälfte der Aufgaben lösen.

D) ich muß mich auf mein Examen vorbereiten.

a	b	c	d

9.1 Stadt und Dorf | 1–2000

281. Was sind Namen für Gebäude? Was ist kein Gebäude?

> Hochhaus   Gemeinde   Straße   Kirche   Bauernhof
> Platz   Dorf   Ort   Schule   Siedlung   Stadt   Sporthalle

a) Das sind Gebäude: _____

_____

b) Das sind keine Gebäude: _____

_____

282. Zu jedem Bild paßt ein Nomen!

> Dorf   Straße   Platz   Siedlung   Stadt   Halle

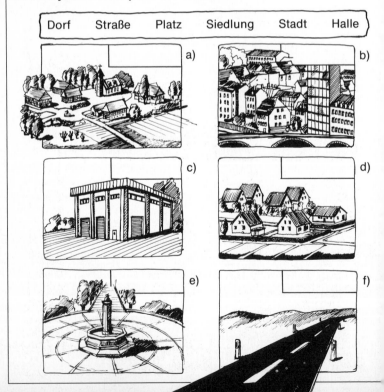

2001–4000

83. Welches Nomen paßt?

| Großstadt | Stall | Bauernhof | Rathaus |

a) Industrie – Fabrik : Landwirtschaft – _____
b) Mensch – Haus : Vieh – _____
c) Kreisverwaltung – Kreisamt : Stadtverwaltung – _____
d) ab 20 000 Einwohnern – Stadt : ab 100 000 Ein-
   wohnern – _____

84. Zu jedem Bild paßt ein Nomen!

| Brunnen | Denkmal | Mühle | Ruine | Schloß | Turm |

285. Welches Nomen paßt?

a) Eine Straße, an der auf beiden Seiten Bäume stehen,
nennt man _____ . *(Hauptstraße/
Waldweg/Allee)*

b) Jens und Inge wollen sich ein Haus bauen. Ein
_____ haben sie schon gefunden; es
liegt am Stadtrand und soll 50 DM pro m² kosten.
(Grundstück/Land/Boden)

c) □ Wohnen Sie direkt im Zentrum von Frankfurt?
  ○ Nein, die Mietpreise in der Innenstadt sind zu hoch.
  Wir wohnen in Dörnigheim; das ist ein _____
  von Frankfurt. *(Bezirk/Vorort/Landkreis)*

d) □ Was machen wir morgen?
  ○ Wenn du Tiere magst, können wir in den
  _____ gehen. *(Zoo/Park/Dom)*

e) Das Haus liegt in einer sehr schönen _____ .
  In der Nähe ist ein Wald und ein kleiner See, wo man
  auch baden kann. *(Bezirk/Umgebung/Platz)*

f) Die viertägige Wanderung in den Alpen hat uns viel
  Spaß gemacht. Zwei Nächte haben wir in unserem Zelt
  geschlafen, und einmal haben wir in einer
  Berg_____ übernachtet. *(. . . haus, . . . hütte,
  . . . ruine)*

9.2 Landschaft

1–2000

6. Wo sehen Sie eine Insel, eine Wiese...?

Gebirge	See	Ufer	Insel	Wald	Wiese	Weg
Landstraße	Fluß	Brücke	Hügel	Berg	Felsen	Feld

A) _____
B) _____
C) _____
D) _____
E) _____
F) _____
G) _____

H) _____
I) _____
J) _____
K) _____
L) _____
M) _____
N) _____

287. In jedem Satz fehlt ein Nomen!

Gegend	Park	Küste	Tal
	Gelände	Land	Aussicht

a) Im Fernsehturm gibt es ein Café. Von dort hat man eine sehr gute _____ auf die Stadt.

b) Sylt ist eine Insel vor der deutschen Nordsee – _____.

c) Mitten in der Stadt ist ein großer _____, mit viel Rasen und schönen Wegen, wo man radfahren, Ball spielen oder Picknick machen kann.

d) □ Es war ein herrlicher Urlaub; wir haben drei Wochen in der Sonne gelegen.
   ○ In welchem _____ wart ihr denn?

e) Köln und Düsseldorf kenne ich gut. Ich bin oft beruflich in dieser _____.

f) □ Was ist das für ein freier Platz am Ortsende?
   ○ Das ist ein Sport –_____.

g) Zwischen den beiden Bergen liegt ein enges

   _____.

$$2001-4000$$

288. Worin steht oder fließt Wasser?

Sand	Kanal	Bach	Wüste	Burg
See	Strom	Teich	Erdboden	Klippe

Wasser:	kein Wasser:
_____	_____
_____	_____
_____	_____
_____	_____

39. Welches Nomen paßt?

a) Schau mal, wie schön die Sonne am _____
   untergeht! *(Erdboden/Horizont/Kontinent)*

b) Saudi-Arabien besteht zum größten Teil aus _____.
   (Wüste/Erde/Schlamm)

c) Man kann hier im Fluß baden, aber es ist gefährlich,
   weil die _____ sehr stark ist. *(Flut/*
   Wassertemperatur/Strömung)

d) Unsere Bergwanderung war sehr anstrengend, weil wir
   nicht den richtigen Weg gefunden haben. Zum Schluß
   sind wir noch einen steilen _____ hin-
   untergerutscht, und Peter hat sich dabei am Bein ver-
   letzt. *(Abhang/Stein/Erdboden)*

e) Sie können nicht mit dem Auto zur Burg fahren. Es
   führt nur ein schmaler _____ hinauf.
   (Graben/Felsen/Pfad)

f) Unser Ferienhaus liegt an einer Steilküste. Wenn man
   auf den _____ steht, kann man weit
   aufs Meer hinaussehen. *(Klippen/Gipfel/Höhlen)*

9.3 Natur: Allgemeines | 1–2000

40. Wie heißen die Himmelsrichtungen?

A) _____
B) _____
C) _____
D) _____

291. Zu jeder Himmelsrichtung gehört ein Adjektiv.

   a) Der Wind kommt heute aus _____ Richtung. *(Osten)*

   b) Wiesbaden liegt _____ von Frankfurt. *(Westen)*

   c) Die _____ Länder haben nur einen kurzen Sommer. *(Norden)*

   d) Mein Mann liebt Skandinavien, aber ich fahre im Urlaub lieber in _____ Länder. *(Süden)*

292. Zu welchen Wörterbucherklärungen passen die Nomen?

> Erde   Himmel   Stein   Land   Sonne   Luft
> Wasser   Meer   Temperatur   Licht

   a) _____, die: **1.** gute, harte, weiche, feuchte, trockene ~; die ~ in unserem Garten ist gut für Gemüsepflanzen; **2.** der Schlüssel ist auf die ~ gefallen; die Hose liegt auf der ~; **3.** die Bewohner der ~; die ~ ist rund und dreht sich um die Sonne; auf der ~ leben über 4 Milliarden Menschen

   b) _____, das: **1.** Bau~, Acker~; gutes, trockenes, feuchtes ~; das ~ gehört unserem Nachbarn; ein Stück ~ kaufen; **2.** flaches, ebenes, gebirgiges ~; nur ein Drittel der Erde ist festes ~; es gibt Tiere, die im Wasser und auf dem ~ leben; **3.** wir leben in einem Bauernhof auf dem ~; das Leben in der Stadt ist interessanter als das Leben auf dem ~; **4.** ⟨*Staat*⟩ ein sozialistisches, kapitalistisches, demokratisches ~; Belgien ist ein ~ in Europa

   c) _____, das: kaltes, warmes, heißes, sauberes, schmutziges, klares, hartes, weiches ~; Trink-~; ~ zum Waschen, Trinken, Baden

   d) _____, die: eine hohe, tiefe, niedrige, angenehme ~; die ~ im Schatten; welche ~ hat das Wasser im Mittelmeer?; die Luft-~

e) _____, der: **1.** ein spitzer, runder ~; einen ~ ins Wasser werfen; mit einem ~ die Fensterscheibe einwerfen; **2.** ein Haus aus ~; eine Treppe aus ~

f) _____, die: gute, frische, schlechte ~; an der frischen ~ spazierengehen; die See~ ist sehr gesund; im hinteren Fahrradreifen fehlt ~

g) _____, das: helles, schwaches, weißes, künstliches, elektrisches ~; das ~ einer Lampe, einer Kerze; Sonnen-~; das ~ anmachen, ausmachen

h) _____, der: ein blauer, grauer, dunkler, wolkenloser ~; die Sterne am ~; die Sonne steht hoch am ~; die Wolken am ~

i) _____, das: das weite, blaue, endlose ~; mit dem Schiff übers ~ fahren; im ~ baden

j) _____, die: die heiße, strahlende, brennende, untergehende ~; heute scheint die ~; die Kraft, die Wärme der ~

93. Zu jedem Bild paßt ein Nomen!

a) A Gipfel
    B Höhepunkt
    C Größe

b) A Sonne
    B Mond
    C Erde

c)
A Bach
B Teich
C Ozean

d)
A Dunkelheit
B Nacht
C Schatten

e)
A Wind
B Rauch
C Luft

f)
A Straßenkarte
B Fahrplan
C Verkehrszeichen

2001 – 4000

4. In jedem Satz fehlt ein Begriff!

Weltall	Festland	Kontinent	Schlamm
Planet	Strand	Pol	Ebbe und Flut

a) Die Erde ist ein _____ .

b) Der nördlichste Punkt der Erde heißt Nord – _____ .

c) Australien wird auch der fünfte _____ genannt.

d) Nach dem langen Regen waren die Wege so schlecht, daß wir unsere Fahrräder durch den _____ schieben mußten.

e) Kein Mensch weiß genau, wie groß das _____ ist.

f) Meine Freundin ist auf einer Nordseeinsel aufgewachsen. Nur ganz selten fuhr sie mit ihren Eltern zum Einkaufen aufs _____ .

g) Zum Baden ist das Meer zu kalt, aber wir können am _____ spazierengehen.

h) Jens macht gern Urlaub an der Nordsee, weil er den Wechsel von _____ interessant findet.

9.4 Tiere

1–2000

295. Welcher Buchstabe gehört zu welchem Tier? Ergänzen Sie auch die Artikel!

( ) _____ Hund ( ) _____ Kalb ( ) _____ Kuh
( ) _____ Katze ( ) _____ Pferd ( ) _____ Schwein
( ) _____ Vogel ( ) _____ Insekt ( ) _____ Fisch

2001−4000

96. Jeweils zwei Antworten sind richtig:

a) Welche Tiere haben keine Flügel?
Biene – Ente – Ochse – Schmetterling – Taube – Ziege – Fliege

b) Welche Tiere haben keinen Schwanz?
Wurm – Elefant – Löwe – Maus – Fliege – Ratte – Wolf

c) Welche Tiere haben keine Federn?
Ente – Kaninchen – Gans – Hahn – Henne – Taube – Lamm

d) Welche Tiere haben kein Fell?
Kaninchen – Maus – Schaf – Ratte – Katze – Hund – Schlange – Fisch

e) Welche Tiere legen keine Eier?
Elefant – Ente – Gans – Huhn – Taube – Wolf

97. Wie passen die Dialogteile zusammen?

a)	Womit fütterst du deine Katze?	A)	Welche Rasse denn?
b)	Meine Freundin hat sich einen Hund gekauft.	B)	Lieber nicht; vielleicht beißt es doch!
c)	Hast du ein Hobby?	C)	Sie frißt eigentlich alles, sogar Käse und Obst.
d)	Warum bellt der Hund?	D)	Nein, hier leben viele wild.
e)	Ich habe ein Kaninchen im Garten gesehen. Ist das euer Haustier?	E)	Ja, ich züchte Fische.
f)	Das Pferd ist ganz zahm. Du kannst es ruhig anfassen.	F)	Ich glaube, er hat den Briefträger gehört.

a	b	c	d	e	f

298. Welcher Buchstabe gehört zu welchem Tier? Ergänzen Sie auch die Artikel.

( ) ____ Affe   ( ) ____ Kaninchen   ( ) ____ Schlange
( ) ____ Biene   ( ) ____ Lámm   ( ) ____ Schmet-
( ) ____ Elefant   ( ) ____ Löwe   terling
( ) ____ Ente   ( ) ____ Maus   ( ) ____ Taube
( ) ____ Gans   ( ) ____ Schaf   ( ) ____ Wolf
( ) ____ Hahn   ( ) ____ Wurm
( ) ____ Henne   ( ) ____ Ziege

9.5 Pflanzen | 1–2000

99. Was paßt zusammen?

> Baum   Ernte   Getreide   Blume   Wurzeln (Pl.)   Gras

a) Farbe, Geruch, Blüte, schön: _____
b) Blätter, Zweige, groß, hoch: _____
c) Wiese, Rasen, grün, mähen: _____
d) Pflanze, Wasser, Nahrung, Erde, tief: _____
e) Herbst, Früchte, Getreide, reif: _____
f) Pflanze, Brot, Mehl: _____

2001–4000

100. Was paßt zusammen?

a) rund, rot, Salat, Soße: _____ Strauß
b) Obst, grün, blau, Wein: _____ Samen
c) Blumen, Rosen, viele, schenken: _____ Traube
d) Baum, Teil, dick, rund, hoch: _____ Tomate
e) klein, Erde, säen, wachsen: _____ Stamm

9.6 Wetter und Klima | 1–2000

101. Wie ist die Temperatur?

> kühl   warm
>
> heiß   kalt

a) 30
b) 20
c) 10
d) 0

a) _____
b) _____
c) _____
d) _____

302. In jedem Satz fehlt ein Nomen!

Frost	Hitze	Klima	Kälte	Nebel
Schnee	Sturm	Tropfen	Wind	Wolke

a) Draußen weht ein starker _____; zieh' dir lieber einen Schal an.

b) Das Thermometer zeigt nur noch 2 Grad Celsius. Heute nacht wird es sicher _____ geben.

c) Wir waren im Sommer in Südspanien. Mittags war die _____ immer so groß, daß wir im kühlen Haus bleiben mußten.

d) Es fängt an zu regnen; die ersten _____ fallen schon.

e) In den Weihnachtsferien wollen wir Ski laufen; hoffentlich gibt es genug _____.

f) England hat ein feuchtes _____, es regnet häufig.

g) Das Wetter ist heute sehr schön; die Sonne scheint und keine _____ ist am Himmel.

h) Es ist 12 Grad unter Null! Bei dieser _____ willst du einen Spaziergang machen?

i) Der Wind wird immer stärker, hoffentlich gibt es keinen _____!

j) Sei bitte ganz vorsichtig, wenn du nach Hause fährst. Draußen ist dichter _____, man kann kaum etwas sehen.

2001–4000

303. Was paßt zusammen?

a) Gewitter: _____

b) Kälte: _____

c) Regen: _____

d) Wärme: _____

e) Hochwasser: _____

Sonnenschein
Katastrophe
Blitz und Donner
Eis
Schauer

10 Technik und Materialien

10.1 Technik
$1-2000$

304. Was paßt: ‚-apparat', ‚-maschine', ‚-motor', oder ‚-automat'?

a) Wasch-
Näh-
Schreib-
Bohr-
Brotschneide-
Spül-

_____

b) Rasier-
Foto-
Fernseh-
Telefon-
Radio-

_____

c) Elektro-
Auto-
Benzin-
Diesel-

_____

d) Zigaretten-
Spiel-
Getränke-
Geld-

_____

5. Was paßt nicht?

a) anmachen/ausmachen: Schalter, Licht, Pumpe, Lärm, Waschmaschine

b) funktioniert gut/schlecht: Computer, Apparat, Motor, Maschine, Glas

c) ist an/ ist aus: Licht, Technik, Strom, Motor, Rasierapparat, Pumpe

d) leuchtet: Licht, Kerze, Holz, Lampe, Feuer

6. Welches Adjektiv paßt?

| automatisch | dicht | elektrisch | technisch |

a) Es riecht nach Gas. Vorsicht, vielleicht ist die Gasleitung nicht _____ !

b) ☐ Hast du eben das Licht angemacht?
   ○ Nein, das Licht schaltet sich _____ ein, wenn man die Tür aufmacht.

c) Am Wochenende waren wir in einer Berghütte. Das Wasser mußten wir aus einem Bach holen, und natürlich gab es auch kein _____ Licht.

d) Peter hat meine Waschmaschine repariert. Er versteht sehr viel von _____ Dingen.

2001—4000

307. Was paßt zusammen?

Dichtung	Rost	Gebrauchsanweisung	Brett
Elektrizität		Verfahren	Konstruktion

a) Holz, geschnitten, dick, dünn: _____

b) Strom, Kabel, Energie: _____

c) Maschine, Funktion, Erklärung: _____

d) Plan, Zeichnung, Ingenieur: _____

e) Metall, alt, Feuchtigkeit, Luft: _____

f) Wasserhahn, tropfen, defekt: _____

g) machen, Methode, Plan: _____

308. In jedem Satz fehlt ein Nomen!

Lautsprecher		Modell		Kapazität
	Atomenergie		Spannung	

a) In Deutschland wird mit verschiedenen Methoden Strom erzeugt: mit Wasser, Kohle und _____.

b) ☐ Was hat dein Plattenspieler gekostet?
   ○ 350 DM, und für die beiden _____ habe ich je 100 DM bezahlt.

c) Der neue Computer ist noch nicht auf dem Markt, aber auf der Messe kann man sich schon ein _____ ansehen.

d) Du kannst den Elektrozaun ruhig anfassen; es ist nicht gefährlich, weil die _____ sehr niedrig ist.

e) ☐ Wieviel Bites hat euer Bürocomputer?
   ○ Ich weiß es nicht genau; jedenfalls hat er eine ziemlich große _____.

10.2 Materialien 1−2000

9. Was paßt zusammen?

a) heizen, Brennstoffe: A) Gummi

b) wertvoll, Schmuck, Edelmetalle: B) Eisen, Stahl

c) Kunststoff, leicht, bunt, preiswert: C) Ziegel

d) Schuhsohle, Reifen, Dichtung,   D) Holz, Kohle,
    Spielzeug, wasserdicht, rostet   Öl
    nicht:

e) Schaf, warm, weich, stricken: E) Plastik

f) Baustein, Hausdach, hart   F) Gold, Silber

g) Metall, hart, schwer   G) Wolle

a	b	c	d	e	f	g

10. Wie heißt das Gegenteil?

flüssig	trocken	weich	alt	leicht	kalt	fein

a) Sand mit kleinen Steinen: grob
    Sand ohne Steinchen: _____

b) Butter im Kühlschrank: fest
    Butter in der heißen Pfanne: _____

c) Auto, gerade gekauft: neu
    Auto, zwölf Jahre gefahren: _____

d) Wiese im Regen: naß
    Wiese im Sonnenschein: _____

e) Asche im brennenden Ofen: heiß
    Asche im unbenutzten Ofen: _____

f) nasses Holz: schwer
    trockenes Holz: _____

g) Gummi bei 3 Grad minus: hart
    Gummi bei 30 Grad plus: _____

311. Welches Adjektiv paßt?

a) Bitte stellen Sie die schwere Maschine nicht auf diesen Tisch; er ist dafür nicht _____ genug. *(grob/stabil/ hart)*

b) Das Schmuckstück ist aus _____ Gold. *(reinem/ gutem/feinem)*

c) Ich habe einen Knopf am Mantel verloren. Er war schon seit einiger Zeit _____. *(lahm/leicht/lose)*

d) Der Stuhl muß repariert werden; ein Bein ist _____ _____. *(leicht/locker/leer)*

11 Reise und Verkehr

11.1 Reise

1 – 2000

312. In diesem Brief fehlen 18 Nomen! Welches paßt wohin?

Gepäck	Abfahrt	Hotel	Stadtplan	Busreise
Ankunft (2×)		Abreise	Aufenthalt	Passagier
Platzkarte	Rasthaus		Verpflegung	Ausland
Paß	Übernachtung		Koffer	Ticket

Herrn
Uwe Korall
Bernerstraße 12
2 900 Oldenburg

FAHR MIT BUSREISEN

FAHR MIT Busreisen

Reisenummer: 850 B nach Wien

Liebe Mitfahrer,
wir freuen uns, daß Sie sich für eine
a)_____ mit uns entschieden haben.

Anbei nun einige wichtige Informationen:
b)_____ am 6. 8. um 8.00 Uhr vor unserem
Stadtbüro. Bitte seien Sie pünktlich.

c) _____ in München um ca. 15.30 Uhr.
Dort haben Sie zwei Stunden d) _____ ,
um sich die Innenstadt anzusehen. Danach Weiter-
fahrt nach Rosenheim. Dort e) _____ in
einem guten f) _____ .
g) _____ am nächsten Tag um 7.00 Uhr.
h) _____ in Wien gegen 12.00 Uhr. Dort
Unterkunft im ,Grinzinger Hof'.
Adresse: Bauernmarkt 22, 1. Bezirk.
Bitte denken Sie an folgende Dinge:

1. Während der Fahrt nach München gibt es nur ein
   kurzes Mittagessen in einem i) _____
   an der Autobahn. Zusätzliche j) _____
   müssen Sie selbst mitbringen.
2. Wir fahren nach Österreich ins k) _____ . Für
   die Grenzkontrolle brauchen Sie deshalb Ihren
   l) _____ oder Personalausweis. Nicht vergessen!
3. Aus Platz- und Gewichtsgründen kann jeder
   m) _____ nur einen n) _____
   (max. 30 kg) mitnehmen. Für zusätzliches
   o) _____ ist der Kofferraum unseres
   Busses nicht groß genug.
4. Vor der Abfahrt kontrollieren wir Ihr
   p) _____ und Ihre q) _____ , also
   nicht vergessen mitzubringen!
5. Für Ihre Spaziergänge in Wien sollten Sie einen
   r) _____ von Wien mitnehmen.

Das waren die wichtigsten Informationen für Ihre
Wienreise. Wir wünschen Ihnen viel Spaß und hoffen,
daß es Ihnen in der österreichischen Hauptstadt gefal-
len wird.

       Herzliche Grüße
       FAHR MIT Busreisen

313. Zu welcher Wörterbucherklärung passen die Verben?

> ankommen   packen   verpassen
>   übernachten   verreisen

a) _____ : ⟨*zu spät kommen*⟩ die U-Bahn ~;
den Zug ~; das Flugzeug ~

b) _____ : Kleider in den Koffer ~; die Reise-
tasche ~; wir müssen für die Reise
noch ~

c) _____ : allein, mit der Familie, zu zweit ~;
morgen, nächste Woche ~; für drei
Wochen ~; zwei Wochen lang ~

d) _____ : ⟨*schlafen*⟩ im Hotel, bei Freunden
~; du kannst in unserem Gästezim-
mer ~

e) _____ : am Reiseziel ~; am Urlaubsort ~;
zu spät am Bahnhof ~; um 17.30
Uhr in Stuttgart ~

2001–4000

314. Welches Nomen paßt am besten dazu?

> Campingplatz   Rückfahrkarte   Station
> Reisebüro   Visum   Zimmervermittlung

a) Geschäft, buchen, Reisen, Fahrkarten, Prospekte:

b) Zelt, übernachten, Wiese: _____

c) Ausland, Einreise, Erlaubnis, Paß, Stempel:

d) fremde Stadt, Hotels, Pensionen, übernachten, Aus-
kunft: _____

e) Zug, Bus, U-Bahn, einsteigen, aussteigen, umsteigen:

f) Bus, Bahn, Ticket, hin und zurück: _____

5. In jedem Satz fehlt ein Nomen!

Besichtigung	Heimfahrt	Abflug	Einreise
Saison		Rückkehr	Führer

a) Das Flugzeug startet um 14.32 Uhr. Wir müssen eine
   Stunde vor dem _____ am Flughafen sein.

b) Bei der _____ nach Italien mußten wir an
   der Grenze zwei Stunden warten.

c) Heute haben wir eine Stadtrundfahrt gemacht, und für
   morgen ist die _____ einer Kirche und eines
   Museums geplant.

d) Das Schloß kann man nur mit einem _____
   besichtigen.

e) Auf der _____ hatten wir sehr viel Verkehr;
   wir waren erst nach Mitternacht zu Hause.

f) Mein Kollege ist für zwei Wochen verreist. Nach seiner
   _____ kann ich Urlaub machen.

g) Im Sommer ist es überall sehr voll, deshalb verreisen
   wir lieber vor oder nach der _____.

6. Welches Verb paßt?

a) im Restaurant einen Tisch
   _____

b) im Reisebüro eine Flugreise
   _____

c) im Hotel den Koffer
   _____

d) während der Reise dreimal
   _____

e) an der Grenze drei Flaschen
   Alkohol _____

f) in letzter Minute den Zug
   _____

buchen

verzollen

umsteigen

auspacken

erreichen

reservieren

11.2 Straßenverkehr | 1–2000

317. Welches Nomen paßt zu welchem Bild?

Ampel   Kreuzung   Verkehrsschild   Kurve

a)

b)

c)

d)

318. Was kann man nicht sagen? 2 Komposita gibt es nicht.

Auto
- verkehr
- bahn
- fahrer
- fahrrad
- karte
- fahrt
- fußgänger
- unfall

9. In jedem Satz fehlt ein Nomen!

Taxi	Ausfahrt	Fußgänger	Fahrrad
	Umleitung	Geschwindigkeit	

a) Wir sind gleich da; bei der nächsten _____ müssen wir die Autobahn verlassen.

b) Wenn das Wetter schön ist, fahre ich mit dem _____ ins Büro. Sonst nehme ich die U-Bahn.

c) Draußen ist starker Nebel. Bei der Heimfahrt hätte ich fast einen _____ überfahren.

d) Mein Kollege hatte einen Autounfall; er ist mit zu hoher _____ gefahren.

e) Als es anfing zu regnen, haben wir ein _____ genommen und uns nach Hause fahren lassen.

f) Die Rheinstraße ist wegen Bauarbeiten gesperrt. Man muß deshalb auf dem Weg zur Innenstadt eine _____ fahren.

20. Was paßt nicht?

a) abbiegen: nach links, nach rechts, geradeaus, in die nächste Seitenstraße

b) anhalten: ein Taxi, einen Unfall, ein Auto, den Verkehr

c) parken: auf einem Parkplatz, in einem Parkhaus, das Auto, den Fußgänger

d) stoppen/ halten: an der Kreuzung, am Lenkrad, an der Ampel, an der Unfallstelle

e) fahren: langsam, schnell, leicht, mit hoher Geschwindigkeit

321. Welche Nomen haben die gleiche (sehr ähnliche) Bedeutung?

a) Tempo   A) Fahrschein

b) Fahrkarte   B) Unfall

c) Verkehrszeichen   C) Höchstgeschwindigkeit 100 km/h

d) Haltestelle   D) Geschwindigkeit

e) Zusammenstoß   E) Verkehrsschild

f) Geschwindigkeitsbeschränkung auf 100 km/h   F) Station

a	b	c	d	e	f

322. Wie passen die Dialogteile zusammen?

a) Warum wurde dein Auto von der Polizei abgeschleppt?

A) Ja, ich glaube, wir sind daran vorbeigefahren.

b) Wie ist der Unfall passiert?

B) Nein, in meinem Abteil war außer mir nur ein Fahrgast.

c) Haben wir die Ausfahrt verpaßt?

C) Ich hatte vor einer Einfahrt geparkt.

d) Warum fährst du nicht auf die linke Spur? Dann können wir den Lastwagen überholen.

D) Der Busfahrer hat die Vorfahrt nicht beachtet.

e) War der Zug voll?

E) Das lohnt sich nicht. Wir müssen gleich rechts abbiegen.

a	b	c	d	e

11.3 Kraftfahrzeuge | 1–2000

23. Welches Nomen paßt zu welchem Bild?

> Auto/Wagen   Traktor   Bus   Motorrad
> Lastwagen/Lkw   Moped

a)

b)

c)

d)

e)

f)

324. Was paßt zusammen?

> Panne   Parkplatz   Tankstelle   Reparatur

a) Benzin, Diesel, tanken, bezahlen: _____
b) Autowerkstatt, Mechaniker, Werkzeug: _____
c) fahren, unterwegs, Schaden, Hilfe brauchen: _____
d) fahren, halten, aussteigen, weggehen: _____

2001–4000

325. Was ist das?

> Kofferraum   Anhänger   Rücklicht   Scheinwerfer

a)

b)

c)

d)

6. Welches Nomen paßt?

Bremse	Führerschein	Moped	Parkuhr
Traktor	Werkstatt	Baujahr	

a) Fahrzeug in der modernen Landwirtschaft: _____

b) kleines Motorrad: _____

c) Gerät auf einem Parkplatz, das die bezahlte Parkzeit
   mißt: _____

d) technisches Mittel, mit dem man Fahrzeuge stoppt: _____

e) Ausweis, der als Fahrerlaubnis gilt: _____

f) Halle, in der Autos repariert werden: _____

g) Jahr, in dem ein Auto hergestellt wurde: _____

11.4 Eisenbahn, Flugzeug, Schiff   1–2000

7. Welche Ergänzung paßt?

Hafen	Pilot	Abfahrt	Bahnhof
Untergrundbahn	landen	starten	fliegen

a) Eisenbahn – fahren : Flugzeug – _____

b) Flugzeug – Flughafen : Eisenbahn– _____

c) Flugreise – Abflug : Schiff – _____

d) Schiff – Kapitän : Flugzeug – _____

e) über der Erde – Straßenbahn : unter der Erde: _____

f) Flugzeug – Flugplatz : Schiff – _____

g) Boot – abfahren : Flugzeug – _____

h) Zug – ankommen : Flugzeug – _____

328. Welche Wörter passen zu ‚Schiff' und welche zu ‚Flugzeug'?

landen	auslaufen	Seereise	Wrack
untergehen	Matrose	Flugreise	Flugbesatzung
versinken	abstürzen	anlegen	abfliegen

a)   b)

12 Länder und Völker

12.1 Geographische Namen | 1-4000

329. Wie heißen diese europäischen Länder?

Deutschland, Großbritannien, Schweiz, Sowjetunion, Österreich, Belgien, Dänemark, Frankreich, Griechenland, Irland, Italien, Jugoslawien, Niederlande, Norwegen, Polen, Portugal, Schweden, Spanien, Türkei, Ungarn, Finnland

a) _____ b) _____
c) _____ d) _____
e) _____ f) _____
g) _____ h) _____
i) _____ j) _____
k) _____ l) _____
m) _____ n) _____
o) _____ p) _____
q) _____ r) _____
s) _____ t) _____
u) _____

0. Wie heißen die fünf Kontinente auf Deutsch?

a) Af . . . a   b) A . . ri . .   c) As . . n
d) Aus . . . . . . n   e) E . . o . .

12.2 Nationalitäten, Bewohner, Sprachen | 1–2000

---

1. Ergänzen Sie bitte.

a) Er/Sie ist in Amerika geboren.
Er/Sie ist _____ .
Er/Sie hat _____ Eltern.
Er/Sie spricht _____ .
b) Er/Sie ist in Österreich geboren.
Er/Sie ist _____ .
Er/Sie hat _____ Eltern.
Er/Sie spricht _____ .

c) Er/Sie ist in England geboren.
   Er/Sie ist _____ .
   Er/Sie hat _____ Eltern.
   Er/Sie spricht _____ .
d) Er/Sie ist in Großbritannien geboren.
   Er/Sie ist _____ .
   Er/Sie hat _____ Eltern.
e) Er/Sie ist in Deutschland geboren.
   Er/Sie ist _____ .
   Er/Sie hat _____ Eltern.
   Er/Sie spricht _____ .
f) Er/Sie ist in Saudi-Arabien geboren.
   Er/Sie ist _____ .
   Er/Sie spricht _____ .
g) Österreich, Großbritannien und Deutschland sind Länder
   in Europa. Österreicher, Briten und Deutsche sind

   _____ .

   Sie sprechen _____ Sprachen.

2001 – 4000

332. Ergänzen Sie die Tabelle.

Er	Sie	Nationalität
a) Türke	_____	_____
b) Chinese	_____	_____
c) Franzose	_____	_____
d) Grieche	_____	_____
e) Holländer	_____	_____
f) Inder	_____	_____
g) Ire	_____	_____
h) italiener	_____	_____
i) Japaner	_____	_____
j) Pole	_____	_____
k) Russe	_____	_____
l) Spanier	_____	_____

13   Zeit

13.1 Jahreseinteilung

1 – 2000

333. Welche Jahreszeit sehen Sie auf den Bildern?

Frühjahr/Frühling   Sommer   Herbst   Winter

a)

b)

c)

d)

334. Was kann man auch sagen?

a) 365 Tage : ein J. . .

b) 30/31 Tage : ein M. . . .

c) 7 Tage : eine W. . . .

d) 24 Stunden : ein T. .

2001−4000

35. Was hat die gleiche Bedeutung?

a) alle sechs Monate: _____

b) das vergangene Jahr: _____

c) Samstag und Sonntag: _____

d) jedes Jahr: _____

e) jeden Monat: _____

f) jede Woche: _____

g) jeden Tag: _____

> wöchentlich
> halbjährlich
> (all)jährlich
> täglich
> Wochenende
> monatlich
> das Vorjahr

13.2 Monatsnamen, Datum

36. Ergänzen Sie bitte.

a) Geburtstag: 20.3. = Sie hat _am zwanzigsten_
   _M_____ Geburtstag.

b) Prüfung: 12.9. = Er macht _____
   eine Prüfung.

c) Weihnachten: 24.12. = _____
   _____ ist Weihnachten.

d) Ferienbeginn: 30.6. = _____
   _____fangen die Ferien an.

37. Wie heißen die Monate?

a) der zweite Monat im Jahr: _____

b) der zehnte Monat im Jahr: _____

c) der letzte Monat im Jahr: _____

d) der Monat zwischen März und Mai: _____

e) der Monat nach dem Juni: _____

f) der achte Monat im Jahr: _____

g) der erste Monat im Jahr: _____

h) der Monat vor dem Oktober: _____

13.3 Wochentage

338. Wie heißen die Wochentage auf Deutsch? Wie ist die richtige Reihenfolge?

a) Di . . . . a .   b) S . nn . . .   c) M . n . . g   d) D . nn . . s . . .
e) M . tt . . . .   f) S . . st . .   g) F . . . t . .

13.4 Tageszeit | 1 – 4000

339. Wie ist die zeitliche Reihenfolge? (Beginnen Sie mit ‚Morgen'.)

Vormittag	Mitternacht		Nachmittag
Morgen	Mittag	Nacht	Abend

Morgen, _____

_____

_____

340. Ergänzen Sie die Adverbien.

morgens	mittags	abends	nachts

a) Er schläft in letzter Zeit _____ sehr schlecht und ist oft bis 2⁰⁰ Uhr früh wach.
b) Die Schule beginnt _____ um 8.00 Uhr.
c) Sie geht _____ immer früh ins Bett.
d) Er macht _____ eine Pause von 12.00 bis 13.00 Uhr.

13.5 Uhrzeit

41. Ergänzen Sie bitte.

a) 60 _____ sind eine Minute.
b) 15 Minuten sind eine _____.
c) 60 _____ sind eine Stunde.
d) 24 _____ sind ein Tag.

42. Was paßt zusammen?

a) 13.30 Uhr	a		A) halb acht
b) 15.45 Uhr	b		B) zwanzig vor elf
c) 7.30 Uhr	c		C) halb zwei
d) 9.15 Uhr	d		D) zehn nach sechs
e) 18.10 Uhr	e		E) Viertel vor vier
f) 10.40 Uhr	f		F) Viertel nach neun

13.6 Sonstige Zeitbegriffe
13.6.1. Substantive | 1–2000

43. Welcher Ausdruck hat die gleiche Bedeutung?

a) Warten Sie bitte einen *Augenblick. (Monat/Moment)*
b) Der Film wurde erst am *Schluß* spannend. *(Ende/Ausgang)*
c) *Welchen Tag* haben wir heute? *(welches Datum/welchen Zeitpunkt)*
d) Wir fahren gleich am *Beginn* der Ferien weg. *(Eingang/Anfang)*
e) *Vor hundert Jahren* gab es noch keine Autos. *(im vorigen Jahrhundert/im letzten Jahrzehnt)*

344. Wie passen die Dialogteile zusammen?

a) Bist du zum ersten Mal in Paris?	A) Den Zeitpunkt kannst du bestimmen.
b) Was machst du, wenn du mit der Schule fertig bist?	B) Er erzählt immer langweilige Geschichten aus seiner Vergangenheit.
c) Wann wollen wir die Kollegen einladen?	C) Nein, ich war schon öfter hier.
d) Warum willst du deinen Onkel nicht besuchen?	D) Ich habe noch keine Pläne für die Zukunft.

a	b	c	d

2001 – 4000

345. Welches Nomen paßt?

a) die Zeit, in der wir im Moment leben
☐ Anfang ☐ Gegenwart ☐ Datum

b) der wichtigste, schönste Teil eines Vorgangs, einer Entwicklung
☐ Zukunft ☐ Zeitpunkt ☐ Höhepunkt

c) die Zeit zwischen zwei Zeitpunkten
☐ Zeitraum ☐ Weile ☐ Vergangenheit

d) der geschichtliche Name für die Zeit zwischen dem 5. und 16. Jahrhundert
☐ Vorzeit ☐ Verspätung ☐ Mittelalter

46. In jedem Satz fehlt ein Nomen.

| Jahresende | Weile | Verzögerung | Verspätung | Frist |

a) Wie lange hat der Zug _____?

b) Gehen Sie bitte ohne _____ an die Arbeit;
   der Brief muß in einer Stunde fertig sein.

c) Nach dem Frühstück habe ich noch eine
   _____ Zeitung gelesen.

d) Du mußt dich bis spätestens übermorgen zur Prüfung
   anmelden; das ist wirklich die letzte _____.

e) Mein Vermieter hat mir die Wohnung zum 1. Januar
   gekündigt. Ich muß also bis zum _____ eine
   neue Wohnung finden.

13.6.2 Verben   1 – 2000

47. Was paßt nicht?

a) der Tag
   die Uhr
   der Film   } fängt
   der Urlaub   an
   das Gewitter

b) der Besucher
   der Schüler
   das Flugzeug   } hat sich
   die Straßenbahn   verspätet
   der Parkplatz

c) eine Arbeit
   ein Gespräch
   eine U-Bahn   } beginnen/
   ein Studium   beenden
   ein Buch

d) die Zugfahrt
   die Reparatur
   das Theaterstück } dauert
   die Wohnung   lange
   die Unterhaltung

e) der Unterricht
   das Fußballspiel
   der Fußball   } endet um
   der Kindergeburtstag   17.00 Uhr
   der Arbeitstag

348. Welches Verb paßt?

a) Der Regen _____ seit fünf Tagen _____.
(ansteigen/andauern/annehmen)

b) Es ist schon spät; laß uns das Gespräch morgen
_____. *(fortwerfen/fordern/fortsetzen)*

c) Wenn ich beim Zahnarzt warten muß, _____
ich mir die Zeit mit einem Buch. *(verkürzen/vergessen/
vergrößern)*

d) Können wir den Termin auf nächste Woche
_____? Ich muß für drei Tage verreisen.
(verschieben/verlassen/verraten)

13.6.3 Adjektive   1−2000

349. Welches Adjektiv paßt?

a) ⟨*nicht mehr zu ändern*⟩; die Entscheidung ist ∼; der
Apparat ist ∼ kaputt
☐ rechtzeitig   ☐ endgültig   ☐ püntklich

b) ⟨*es dauert nicht lange*⟩; das Gespräch war ∼; ihr Leben
war sehr ∼; ein ∼-er Regen
☐ kurz   ☐ spät   ☐ plötzlich

c) ⟨*darauf folgend*⟩; ∼-e Woche; ∼-en Sonntag; das ∼-e
Mal; im ∼-en Jahr
☐ früh   ☐ nächst-   ☐ neu

d) ⟨*zum richtigen Zeitpunkt*⟩; sie ist ∼ gekommen; der
Zug war ∼ um 18.21 Uhr in Frankfurt
☐ ständig   ☐ regelmäßig   ☐ pünktlich

e) ⟨*zunächst; bis auf weiteres*⟩; wir wollen ∼ keine Kinder; ∼ funktioniert das alte Auto noch; ich habe ∼ keine Zeit für einen Urlaub

☐ vorläufig ☐ plötzlich ☐ ständig

f) ⟨*früh genug*⟩; mit der Arbeit sind wir ∼ fertig geworden; bitte sagen Sie mir ∼ Bescheid, wann Sie das Gerät liefern; wenn wir ein Taxi nehmen, sind wir noch ∼ am Bahnhof

☐ richtig ☐ rechtzeitig ☐ regelmäßig

g) ⟨*nicht erwartet; überraschend*⟩; sie ist ∼ gestorben; es fing ∼ an zu regnen; er bekam ∼ Herzschmerzen

☐ häufig ☐ unpünktlich ☐ plötzlich

h) ⟨*immer wieder, im gleichen Zeitabstand sich wiederholend*⟩; ich gehe ∼ zum Zahnarzt; abends ∼ fernsehen; meine Schwester schreibt mir ∼

☐ gleichzeitig ☐ regelmäßig ☐ rechtzeitig

i) ⟨*zur selben Zeit*⟩; sie kann fernsehen und ∼ stricken; beide Eltern sind ∼ gestorben; beim Duschen ∼ die Haare waschen

☐ regelmäßig ☐ jetzt ☐ gleichzeitig

j) ⟨*sehr oft; immer*⟩; im Winter ist er ∼ erkältet; sie hat ∼ Kopfschmerzen; er hat ∼ Hunger

☐ ständig ☐ lange ☐ manchmal

k) ⟨*oft*⟩; er geht ∼ ins Kino; wir essen ∼ Salat; sie hat ∼ Besuch

☐ lang ☐ pünktlich ☐ häufig

350. Ergänzen Sie das passende Adjektiv.

| modern | vorig | lang | spät | früh | heutig | früher |

a) Das Gespräch dauerte über vier Stunden. = Es war ein
   _____ Gespräch.

b) Er war mein Kollege, als ich noch in meiner ersten
   Firma war. = Er ist ein _____ Kollege.

c) Er steht morgens schon um fünf Uhr auf. = Er steht
   sehr _____ auf.

d) Wir waren um acht Uhr verabredet, aber Jens kam erst
   um zehn. = Jens kam zwei Stunden zu _____ .

e) Im letzten Jahr hat mein Bruder geheiratet. =
   _____ Jahr hat mein Bruder geheiratet.

f) Solche Schuhe trägt heute kein Mensch mehr! = Die
   Schuhe sind nicht mehr _____ .

g) Das Fernsehprogramm ist heute sehr langweilig. = Das
   _____ Fernsehprogramm ist sehr langweilig.

$$2001-4000$$

351. Welches von beiden Adjektiven paßt?

a) Ich muß _____ abends länger arbei-
   ten, weil meine Kollegin krank ist. *(kurzfristig/kürzlich)*

b) Hoffentlich findet Jens bald eine Stelle. Seine
   _____ Bewerbungen waren alle erfolglos.
   (damaligen/bisherigen)

c) Gerda wohnt _____ bei mir, bis sie
   eine eigene Wohnung gefunden hat. *(vorübergehend/
   unregelmäßig)*

d) Wir haben uns _____ nicht gesehen.
   (dauerhaft/jahrelang)

e) Dieses Erlebnis hat mich sehr enttäuscht; ich werde
_____ vorsichtiger sein. *(langfristig/künftig)*

f) Dieser Politiker weiß auch keine Lösung für die _____ Probleme. *(gegenwärtigen/vorübergehenden)*

g) Ich werde dich _____ anrufen. *(dauerhaft/gelegentlich)*

13.6.4 Adverbien | 1 – 2000

52. Mit welchen Adverbien bezeichnet man Zeitpunkte in der Vergangenheit, Gegenwart oder Zukunft?

damals	soeben	früher	neulich	morgen
heutzutage	gestern	vorgestern	später	heute
zur Zeit	übermorgen	vorbei	vor kurzem	
bald	jetzt	vorhin	gerade	

a) Vergangenheit	b) Zukunft	c) Gegenwart

353. Ergänzen Sie die Adverbien so, daß die zeitliche Reihenfolge im Text deutlich wird. (Es gibt mehrere Lösungen.)

> zuerst   nun   dann   danach   inzwischen   zuletzt
> zugleich   jetzt   erst   zunächst   schließlich

Amerikanisches Roastbeef

500 g	Brokkoli	2	Eßlöffel Butter
650 g	Roastbeef	1	etwas Muskatnuß
1	Teelöffel Salz	¼	Karotte
1	Teelöffel weißer Pfeffer	1	Sellerieknolle
2	Teelöffel Worcestersauce	3	Zwiebel
4	Eßlöffel Öl	1	Eßlöffel saure Sahne
2	Eßlöffel Cognac		Teelöffel Mehl
½	Teelöffel Cayennepfeffer		

_____ (1) das Fleisch mit Salz, Pfeffer, der Worcestersauce und dem Öl einreiben, _____ (2) den Cognac und den Cayennepfeffer dazugeben, _____ (3) das Fleisch 30 Minuten stehen lassen. Den Ofen auf 220 Grad vorheizen. _____ (4) den Brokkoli putzen und den Brattopf etwas ölen. _____ (5) das Fleisch in den Topf legen und im Ofen 40 Minuten braten. _____ (6) den Brokkoli mit Salz und Muskatnuß würzen und mit etwas Butter gar kochen. _____ (7) die Karotte und den Sellerie putzen, die Zwiebel schälen und alles kleinschneiden, zehn Minuten vor Ende der Bratzeit zum Fleisch in den Topf geben. _____ (8) den Braten herausnehmen und warm stellen. Den Bratensaft zusammen mit etwas Wasser und der Sahne kochen. _____ (9) die Soße durch ein Sieb gießen. _____ (10) das Mehl mit etwas Wasser verrühren, und die Soße damit binden.

54. Wie heißt das Gegenteil?

a) immer: _____

b) später: _____

c) lange: _____

d) meistens: _____

> früher kurz selten nie

55. Welche Adverbien haben die gleiche Bedeutung?

a) jetzt: _____

b) niemals: _____

c) selten: _____

d) bereits: _____

e) oft: _____

> nie sofort schon
> mehrmals kaum

356. Welches Adverb paßt?

a) Es ist schon Mitternacht; Jens müßte _____
   zu Hause sein! *(längst/spätestens/jemals)*

b) □ Hast du den neuen Kollegen schon kennengelernt?
   ○ _____ noch nicht. *(jemals/bisher/*
   meistens)

c) Ich wollte mit Jochen sprechen, aber er telefoniert
   _____. *(manchmal/sofort/dauernd)*

d) □ Fahrt ihr wieder nach Spanien?
   ○ Nein, wir wollen _____ in Italien Urlaub
   machen. *(diesmal/manchmal/jemals)*

e) Monika geht es wieder besser, aber sie muß _____
   ein paar Tage im Bett bleiben. *(je/endlich/noch)*

f) Warte einen Augenblick; ich bin _____
   fertig. *(wieder/gleich/immer)*

g) □ Bist du _____ mit einem Flugzeug geflo-
   gen? *(nochmals/jemals/mehrmals)*
   ○ Nein, noch nie.

h) Du studierst schon seit sieben Jahren. Willst du nicht
   _____ dein Examen machen? *(endlich/*
   spätestens/bereits)

$$2001-4000$$

357. Welche Adverbien haben eine sehr ähnliche Bedeutung?

a) demnächst: _____
b) heutzutage: _____
c) jedesmal: _____
d) zuweilen: _____
e) bislang: _____

> bald gegenwärtig bisher
> manchmal immer

58. Welches Adverb paßt?

> daraufhin   dazwischen   erstenmal   neuerdings

a) Im Gemüseladen um die Ecke kann man _____
   auch Wein kaufen, früher gab es nur Obst und Gemüse.
b) Um 16.30 Uhr habe ich Feierabend, und um 19.00 Uhr
   bekomme ich Besuch, _____ muß ich
   schnell noch in die Stadt fahren und etwas einkaufen.
c) Er ist schon wieder zu spät gekommen. _____
   habe ich ihm meine Meinung gesagt.
d) Mit 14 Jahren war ich zum _____ verliebt.

13.6.5 Präpositionen

59. Welche Präposition paßt?

> bis   während   seit   zwischen   nach

a) _____ : Oktober und Dezember
   2.00 und 3.00 Uhr
   Montag und Donnerstag
   den Pausen
   Weihnachten und Neujahr
b) _____ : des Essens
   der Arbeitszeit
   des ganzen Jahres
   der Ferien
   des Gesprächs
c) _____ : morgen (warten)
   zum 12. 6. (Urlaub machen)
   um 17.00 Uhr (arbeiten müssen)
   nach Mitternacht (feiern)
   zum Monatsende (kein Geld haben)

d) _____: dem Essen (eine Stunde schlafen)
   der Arbeit (nach Hause gehen)
   dem Urlaub (wieder arbeiten müssen)
   dem Aufstehen (frühstücken)
   dem Kinobesuch (ein Glas Wein trinken)

e) _____: zwei Wochen (krank sein)
   gestern (Fieber haben)
   1984 (in Hamburg wohnen)
   Februar (arbeitslos sein)
   zwei Stunden (auf Manfred warten)

13.6.6 Konjunktionen

360. Welche Konjunktion paßt? (Meistens passen zwei.)

> solange   wenn   bevor   ehe   sobald   nachdem

a) Er macht abends immer einen Spaziergang, _____ er ins Bett geht.

b) Ich rufe dich an, _____ ich Zeit habe.

c) Er wurde ein anderer Mensch, _____ seine Frau gestorben war.

d) Ich kenne ihn, _____ er lebt.

e) Sage mir bitte Bescheid, _____ du etwas brauchst.

f) Ich habe in Frankfurt gewohnt, _____ ich nach Stuttgart gezogen bin.

14 Räumliche Begriffe

14.1 Substantive

1—2000

361. Wie nennt man das auf deutsch?

| Höhe | Größe | Länge (1) | Abstand |
| Entfernung | Länge (2) | Breite | Tiefe |

A) _____

B) _____

C) _____

D) _____

E) _____

F) _____ der Brücke

G) _____ des Flusses

H) _____

62. Zu welcher Wörterbucherklärung passen die Nomen?

> Ende   Mitte   Seite   Ziel   Spitze   Ort   Stelle

a) _____ : an dieser ~ ist der Unfall passiert; an dieser ~ tut mir der Arm weh; das Bild hängt an der falschen ~; bewege dich nicht von der ~

b) _____ : die ~ eines Berges, eines Baumes, eines Bleistifts, eines Messers, eines Nagels, einer Nadel, einer Schere

c) _____ : der Tisch steht in der ~ des Zimmers; Frankfurt liegt etwa in der ~ zwischen Hamburg und München; die Kirche liegt in der ~ des Dorfes; in der ~ des Kreises

d) _____ : das Haus steht am ~ der Straße; der Speisewagen ist am ~ des Zuges; das ~ des Buches ist sehr spannend; er faßt das Werkzeug am falschen ~ an

e) _____ : das ~ einer Reise, einer Fahrt, eines Ausflugs; nach drei Stunden Fahrt waren wir am ~

f) _____ : die linke, rechte ~ eines Flusses, einer Straße; auf welcher ~ des Bettes möchtest du schlafen?

g) _____ : das Geld ist an einem geheimen ~ versteckt; an welchem ~ wollen wir uns treffen?; an welchem ~ findet die Konferenz statt?

363. In jedem Satz fehlt ein Nomen!

> Punkt   Nähe   Lage   Raum   Platz   Rand

a) Die _____ des Hauses ist zentral und trotzdem sehr ruhig.

b) Du kannst gerne ein paar Tage bei uns wohnen; wir haben genug _____ im Haus.

c) Sie hat am _____ des Dorfes einen Bauplatz gekauft.

d) In der _____ meiner Wohnung gibt es viele Einkaufsmöglichkeiten.

e) Die Jugendlichen suchen einen _____, wo sie ungestört Musik machen können.

f) Ihr geht am besten diesen Weg den Berg hinauf; nach ca. einem Kilometer gibt es einen _____, von dem man eine sehr schöne Aussicht über das Tal hat.

2001–4000

364. Welche Ergänzung paßt?

a) Die Eingangstür befindet sich _____ des Hauses. *(an der Vorderseite/im Vordergrund/an der Oberfläche)*

b) Die meisten deutschen Städte haben _____ eine Fußgängerzone. *(auf der Innenseite/im Vordergrund/im Zentrum)*

c) Das ist ein Urlaubsfoto aus der Schweiz; _____ kann man die Berge sehen. *(im Hintergrund/an der Innenseite/in der Breite)*

d) Der See ist warm genug zum Schwimmen; das Wasser hat _____ 21 Grad. *(im Vordergrund/an der Außenseite/an der Oberfläche)*

e) Wenn es regnet, werden die Fenster _____ naß. *(im Hintergrund/auf der Außenseite/im Zentrum)*

14.2 Adjektive 1–2000

65. Wie liegen die Fächer?

a) Das obere linke Fach ist Fach ⬜ A B C D E F

b) Das untere rechte Fach ist Fach ⬜ A B C D E F

c) Das mittlere Fach oben ist Fach ⬜ A B C D E F

d) Das untere Fach links ist Fach ⬜ A B C D E F

e) Das mittlere Fach unten ist Fach ⬜ A B C D E F

f) Das obere rechte Fach ist Fach ⬜ A B C D E F

66. Sehen Sie sich die Autos auf der Zeichnung an!

a) Welches Auto ist am breitesten? _____

b) Welches Auto steht ganz nahe an der Garage? _____

c) Welches Auto steht am weitesten entfernt von der Garage? _____

d) Welches Auto ist am längsten? _____

e) Bei welchem Auto sind die Türen offen? _____

f) Welches Auto liegt am tiefsten auf der Straße? _____

g) In welchem Auto ist es am engsten? _____

h) Welches Auto ist am kürzesten? _____

i) Welches Auto steht hinter der Garage? _____

j) Welches Auto steht schief auf seinem Parkplatz?

_____

k) Welches Auto liegt am höchsten auf der Straße?

_____

l) Welche zwei Autos stehen sehr dicht nebeneinander?

_____

2001–4000

367. Welches Adjektiv paßt?

> aufrecht   zentral   umgeben   senkrecht

a) Um das Haus herum stehen viele Bäume.
   Das Haus ist von Bäumen _____.
b) Der Bahnhof liegt mitten in der Stadt.
   Der Bahnhof liegt _____.
c) Er hat solche Rückenschmerzen, daß er nicht gerade
   stehen kann. = Er kann nicht _____ stehen.
d) Der Baum wächst ganz gerade von unten nach oben. =
   Der Baum wächst genau _____.

14.3 Adverbien 1–2000

68. Wo stehen die Kisten?

| daneben | davor | darüber | dahinter | darunter |

Kiste A steht im mittleren Regal

a) Kiste B steht ———————————————.

b) Kiste C steht ———————————————.

c) Kiste D steht ———————————————.

d) Kiste E steht ———————————————.

e) Kiste F steht rechts ———————————.

f) Kiste G steht links ———————————.

369. Ergänzen Sie bitte.

herum	heraus	hinauf	hinüber
herunter	hinein	hinaus	herein

a)

Komm doch
zu mir

_____

b)

Warte, ich
komme zu
dir

_____ .

c)

Gehen Sie
bitte zuerst

_____ !

Ich komme
zu dir
_____

e)

Bei diesem Wetter gehe
ich nicht
_____!

f)

Kommen Sie
_____

g)

Keine Angst,
er kann nicht
_____

h)

Warum läufst
du immer um
den Baum
_____?

370. Welches Adverb paßt wohin?

rückwärts	darauf	quer	entlang	links
rechts	auseinander	dazwischen	abwärts
draußen	drinnen	geradeaus	aufwärts

a)

Fahrstuhl A fährt

_____ .

Fahrstuhl B fährt

_____ .

b)

Wagen A biegt

_____ ab.

Wagen C biegt

_____ ab.

Wagen B fährt

_____ .

c)

_____ ist es kalt.

_____ ist es warm.

d)

Die beiden Häuser stehen 50 Meter _____ .

e) Der Lastwagen steht
_____ auf der
Straße.

f) Die Fahrradfahrer fahren den
Fluß _____ .

g) Der Tisch steht im Wohnzimmer.
_____ liegt ein
Apfel.

Rechts und links stehen zwei
Lastwagen;_____ steht ein Pkw.

i)

Der Wagen fährt

_____

in die Garage hinein.

371. Welches Adverb paßt? (Einmal passen zwei)

> nirgendwo   überall   nirgends   irgendwo

a) Ich habe _____ meinen Schlüssel verloren.
Ich kann ihn nicht finden.
b) Ich habe den Schlüssel schon _____
gesucht, aber ich kann ihn trotzdem nicht finden.
c) Ich kann den Schlüssel _____ finden,
obwohl ich schon seit einer Stunde suche.

372. Wie heißt das Gegenteil?

a) vorwärts _____
b) hinten _____
c) außen _____
d) hoch _____

> innen   tief
>
> vorn   rückwärts

373. In jedem Satz fehlt ein Wort!

> dahin   daran   her   darin   daher   daraus   bei   hier

a) ☐ Wie lange bist du schon _____?
   ○ Ich bin vor einer Stunde gekommen.
b) ☐ Ist Monika nicht zu Hause?
   ○ Nein, sie ist _____ einer Freundin.
c) ☐ Ich war gerade auf der Post.
   ○ _____ muß ich nachher auch noch gehen.
d) Dieser Nagel ist zu klein, _____ kannst du das schwere
Bild nicht aufhängen.
e) Ihr habt einen schönen Teich im Garten! Sind auch
Fische _____?
f) ☐ Warst du schon beim Zahnarzt?
   ○ Ja, ich komme gerade von _____ .
g) Diese Gläser sind sehr wertvoll; _____ trinken wir
nur an Feiertagen.
h) Von Norden _____ weht ein kalter Wind.

74. Welches Frageadverb paßt?

| worauf | wohin | wo | woher |

a) □ _____ wohnst du?
   ○ In der Amalienstraße.
b) □ _____ gehst du?
   ○ Zum Bäcker, ich will ein paar Stücke Kuchen holen.
c) □ _____ kommst du so spät?
   ○ Aus dem Büro. Ich mußte heute länger arbeiten.
d) □ _____ willst du den neuen Fernseher stellen?
   ○ Auf den kleinen Schrank in der Ecke.

75. In jedem Satz fehlt ein Adverb!

| heran | herunter | drüben | dorthin |

a) Setz dich lieber _____; dieser Sessel ist beque-
   mer.
b) Mein Auto steht _____ auf der anderen Straßen-
   seite.
c) Stell den Stuhl näher an den Tisch _____, dann
   kann das Kind besser essen.
d) Die Treppe ist sehr steil. Sei vorsichtig, sonst fällst du

   _____.

376. Welches Adverb paßt?

2001–4000

| hindurch | herauf | hinterher | dahinter | herab |

a) Er springt vom Felsen

_____.

b) An der Ampel steht ein Bus,

_____

hält ein Lastwagen.

c) Die Autos fahren unter der Brücke

_____.

d) Der Polizist läuft dem Dieb

_____.

e) Wirf mir bitte den Ball

_____!

14.4 Präpositionen

77. Welches Adverb paßt?

> durch   nebenan   hinter   oberhalb   an   auf
> gegenüber   außerhalb   zwischen   innerhalb   unter

a)

① _____ der Wand hängt ein Bild.

② _____ dem Tisch stehen Gläser.

③ _____ dem Tisch liegt ein Hund.

④ _____ dem Fenster und dem Bild hängt eine Uhr.

b)

① _____ der Kirche ist das Fotographieren verboten.

② _____ der Kirche darf man fotographieren.

c)

Anna wohnt in Haus Nr. 30.
Brigitte wohnt
① _____ in Haus Nr. 32.
Cecilia wohnt
② _____ in Haus Nr. 31.

d) _____ dem Haus ist ein großer Garten.

e) _____ der Berghütte klettern Bergziegen.

f) Der Fahrradweg führt _____ den Park.

378. Ergänzen Sie die Präpositionen.

vor	von	bis	aus	um	zu

a) Hans geht morgens immer um 7.00 Uhr _____ dem Haus.

b) _____ meiner Wohnung _____ zur Bushaltestelle sind es nur etwa 200 Meter.

c) Heute abend kommt eine Kollegin _____ mir zu Besuch.

d) Der Film beginnt um 20.30 Uhr. Ich warte _____ dem Kino auf dich.

e) Wir können einmal _____ den ganzen See laufen. Das dauert etwa zwei Stunden.

15 Menge und Maß
15.1 Mengenbegriffe   1 – 2000

379. Welcher Mengenbegriff paßt?

Prozent	Summe	Mehrheit	Zahlen
die Hälfte	ein Drittel	ein Viertel	ein Dutzend

a) 35% _____

b) _____

c) _____

d) _____

e) $19 + 4 = \boxed{23}$ _____

f) 12 Stück _____

g) 27 von 40 Leuten sind dafür _____

h) 13, 4, 28, 19 _____

380. Welches Nomen paßt?

Ziffer	Umfang	Stück	Inhalt	Rest	Gruppe

a) Der Baumstamm hat einen
_____ von 180 cm.

b) Die Flasche hat einen
_____ von 1,5 Liter.

c) Auf dem Teller sind noch fünf _____ Kuchen.

d) Der Teller ist nicht leer gegessen. Es ist noch ein _____ Gemüse darauf.

e) Eine _____ von sechs Kindern spielt zusammen Ball.

04438 / 33725

f) Die letzte _____ der Telefonnummer ist eine fünf.

81. Welches Verb paßt?

a) □ Wie viele Bäume stehen in deinem Garten?
   ○ Ich weiß nicht, ich habe sie noch nie _____ . *(messen/wiegen/zählen)*

b) Der Fisch ist sehr schwer. Ich glaube, er _____ über zwei Kilogramm. *(wiegen/enthalten/schätzen)*

c) Unsere Tochter wurde heute vom Arzt _____ , sie ist 95 cm groß. *(zählen/messen/wiegen)*

d) Jens hat im Urlaub zwei Kilo _____ .
   (enthalten/messen/zunehmen)

e) Dieses Bild hat ein bekannter Künstler gemalt. Ich
   _____ seinen Wert auf mindestens 10 000
   DM. *(schätzen/zählen/wiegen)*

f) Das Paket _____ nur Bücher. *(schätzen/
   enthalten/zählen)*

382. Was hat die gleiche Bedeutung?

a) Ich habe *ein paar/* _____
   Äpfel eingekauft.

b) *Die meisten/* _____ Gäste
   sind schon gegangen.

c) Ich habe *wenig/* _____ Hun-
   ger; mir genügt ein Stück Brot.

d) Ich habe *viel/* _____ einge-
   kauft.

e) In meiner Briefmarkensammlung habe
   ich viele Marken *doppelt/*
   _____ .

eine
Menge
zweifach
fast alle
einige
nicht viel

383. Wie voll ist das Glas?

| fast leer | halb voll | ganz voll |
| ganz leer | fast voll | viertel voll |

a) _____   b) _____   c) _____

d) _____   e) _____   f) _____

2001–4000

84. Welches Nomen paßt?

| Zunahme | Auswahl | Höhe | Paar | Betrag |

a) die _____
der Geldsumme
der Preise
des Schadens
der Reparaturkosten

b) eine | reichliche
gute
umfangreiche | _____ | an Kleidern
an Büchern
an Möbeln
an Werkzeug

c) ein _____
Schuhe
Handschuhe
Strümpfe
Ohrringe

d) die _____
der Studentenzahlen um 12%
der Autounfälle in der Reisezeit
der Verbrechen in den Großstädten
der Geburten in den armen Ländern

e) ein _____ von 120,– DM
der Rechnungs- _____
der Geld- _____
der End- _____

385. Wie passen die Dialogteile zusammen?

a) Haben Sie die Rechnungen vom letzten Monat zusammengezählt?

A) Das reicht nicht aus, um einen Kuchen zu backen.

b) Ich habe für die Grillparty 60 Würste gekauft. Reicht das für 30 Gäste?

B) Doch, im Kühlschrank steht noch eine Flasche Orangensaft.

c) In der Tüte sind nur noch 100 Gramm Zucker.

C) Ja, die Summe beträgt 16478 Mark und 24 Pfennige.

d) Wir haben keinerlei Getränke mehr zu Hause!

D) Sicher, im Durchschnitt werden bestimmt nicht mehr als zwei Stück pro Person gegessen.

a	b	c	d

386. Was paßt?

a) Er trinkt _____ 10 Tassen Kaffee pro Tag, meistens sogar noch mehr. *(höchstens/mindestens/bloß)*

b) In der Suppe fehlt _____ Salz. *(ein bißchen/ einmal/etwa)*

c) Du hast ja _____ etwas gegessen. Schmeckt es dir nicht? *(kaum/mindestens/wenigstens)*

d) Für diesen Kuchen braucht man _____ ein Ei. *(kaum/bloß/fast)*

e) Haben wir _____ Gläser für alle Gäste? *(fast/ genug/höchstens)*

f) Jens liebt Bücher, er besitzt _____ 2000 Stück. *(etwa/genug/bißchen)*

g) Zu seiner Geburtstagsfeier sind ＿＿＿＿＿＿＿＿＿
100 Gäste gekommen. *(fast/keinerlei/genug)*

h) Wenn ich noch Auto fahren muß, trinke ich ＿＿＿＿＿
ein Glas Wein, mehr auf keinen Fall. *(wenigstens/höchstens/mindestens)*

i) Ich muß ＿＿＿＿＿＿＿＿ noch Brot und Wurst kaufen,
sonst haben wir am Wochenende nichts zu essen. *(fast/wenigstens/kaum)*

87. Welche Ausdrücke haben (fast) die gleiche Bedeutung?

a) ein paar Leute : ＿＿＿＿ (A) niemand
b) fast alle Leute : ＿＿＿＿ (B) wenige Leute
c) alle Leute : ＿＿＿＿ (C) die allermeisten Leute
d) keine Leute : ＿＿＿＿ (D) sämtliche Leute

a	b	c	d

15.3 Maße und Gewichte | 1–4000

388. Ordnen Sie die Nomen.

> Pfund Kilometer Hektar Meter Kilo(gramm)
> Tonne Gramm Quadratmeter Zentimeter Liter

a) Maße für Gewichte	b) Maße für Flüssigkeiten	c) Maße für Längen	d) Maße für Flächen

16 Ordnung und Bezüge

16.1 Ordnung, Einteilung | 1–2000

389. Nur ein Nomen paßt.

a) Die beiden Zwillingsschwestern sehen genau gleich aus. Ich kann jedenfalls keinen _____ erkennen. *(Gegensatz/Unterschied)*

b) □ Findest du die neuen Nachbarn unsympathisch?
   ○ Im _____, ich finde sie sehr nett. *(Gegenteil/Gegensatz)*

c) Im _____ zu seinem größeren Bruder hat er große Probleme in der Schule. *(Gegenteil/Gegensatz)*

d) Ich habe immer noch nicht richtig verstanden, wie der Unfall passiert ist. Erzähle mir die Geschichte doch bitte noch einmal der _____ nach. *(Ordnung/Reihe)*

e) Wenn du ein Buch aus dem Regal nimmst, mußt du es später an den gleichen Ort zurückstellen. Die Bücher sind nämlich in alphabetischer _____ geordnet. *(Reihenfolge/Regel)*

f) Auf deinem Schreibtisch liegt alles durcheinander. Du mußt endlich einmal _____ machen. *(Ordnung/Reihenfolge)*

g) Abends früh zu Bett gehen und morgens früh aufstehen – das ist eine gute _____, wenn man gesund und leistungsfähig bleiben will. *(Ordnung/Regel)*

h) Das Getränk schmeckt am besten, wenn man Saft und Wasser im _____ 4 zu 1 mischt. *(Verhältnis/System)*

i) Marion und Anna kennen sich seit vielen Jahren. Sie haben ein_____ freundschaftlich_____ _____. *(Beziehung/System)*

j) Wenn du den Stadtplan ansiehst, kannst du sofort erkennen, nach welchem _____ die Straßen gebaut sind. *(Verhältnis/System)*

0. Eine schwierige Familie: Fast jeder hat einen anderen Geschmack. Wer ißt welche Speisen gern?

a) Alle lieben Nudeln, nur der Vater nicht.
b) Außer Paul und Anna essen alle gerne Gemüse.
c) Die Mutter ißt gerne Fisch, sonst niemand.
d) Nur Jochen ißt kein Fleisch.
e) Paul und Eva mögen keine Suppe, sonst alle.
f) Alle essen gerne Obst, allein Eva nicht.
g) Kuchen essen alle gern, einschließlich der Eltern.

	Jochen	Paul	Anna	Eva	Vater	Mutter
ißt gerne Nudeln	X	X	X	X	Ø	X
ißt gerne Gemüse						
ißt gerne Fisch						
ißt gerne Fleisch						
ißt gerne Suppe						
ißt gerne Obst						
ißt gerne Kuchen						

391. In jedem Satz fehlt ein Verb!

> gehören   ordnen   unterscheiden
> entsprechen   beziehen   fehlen

a) Ich habe den roten und den blauen Pullover nach dem gleichen Muster gestrickt; sie _____ sich nur durch die Farbe.

b) Hier sind alle Rechnungen vom letzten Jahr; bitte _____ Sie sie nach dem Datum.

c) In meinem Geldbeutel _____ 20 DM; hast du das Geld herausgenommen?

d) Ich helfe dir schnell beim Aufräumen. _____ die Tassen in diesen Schrank?

e) Die meisten Leserbriefe _____ sich auf den Artikel ‚Wie schmutzig ist die Nordsee?‘, der am letzten Dienstag veröffentlicht wurde.

f) Wenn Ihre Informationen der Wahrheit _____, müssen wir das ganze Projekt noch einmal ändern.

392. Was paßt?

> einander   miteinander   nebeneinander   voneinander

a) Wenn große und kleine Kinder zusammen spielen, können sie viel _____ lernen.

b) Rolf und Renate fahren _____ in Urlaub.

c) ☐ Hast du noch Theaterkarten bekommen?
   ○ Ja, wir sitzen _____ in der zwanzigsten Reihe.

d) Jens und Ute haben _____ auf einer Party kennengelernt.

3. Sätze in zwei Teilen. Wie passen die Teile zusammen?

a)	Trotz des schlechten Wetters	A)	ohne die Hände zu benutzen?
b)	Statt Blumen	B)	meiner Schwester die andere.
c)	Einerseits verdiene ich gut,	C)	habe ich dir eine Flasche Wein mitge-bracht.
d)	Kannst du Fahrrad fahren,	D)	außer deinem Bruder?
e)	Diese Straßenbahn ist zu voll,	E)	haben wir einen Spaziergang gemacht.
f)	Hast du noch sonstige Geschwister	F)	aber die folgenden waren besser.
g)	Mir gehört die eine Hälfte des Hauses	G)	andererseits ist die Arbeit sehr langweilig.
h)	Der erste Vortrag war langweilig,	H)	laß uns lieber die nächste nehmen.

a	b	c	d	e	f	g	h

2001 – 4000

94. Die Behauptungen a)–e) sind falsch. Widersprechen Sie.

> überflüssig   verschiedenartig   umgekehrt
> entgegengesetzt   erforderlich

a) Diese Diskussion ist   ↔   Nein, diese Diskussion ist völlig
   notwendig.   _____ !

b) Sie waren einheitlich   ↔   Nein, sie waren _____
   gekleidet.   gekleidet!

c) Ein Reisepaß ist   ↔   Doch, der Reisepaß ist
nicht notwendig.   _____ !

d) Sie hat es genauso   ↔   Nein, sie hat es genau
gemacht wie Werner.   _____ gemacht!

e) Die Post liegt in der   ↔   Nein, die Post liegt genau in der
gleichen Richtung.   _____ Richtung!

395. Welches Nomen paßt?

> Original   Liste   Serie   Kombination   Ausnahme   Ersatz

a) das _____ | eines Vertrages
eines Zeugnisses
einer Zeichnung

b) eine _____ | von verschiedenen Stoffen
verschiedener Farben
aus Holz und Plastik

c) eine _____ | aller Teilnehmer
der Mitglieder
der neuen Preise

d) eine _____ | von schweren Autounfällen
von Fernsehfilmen
von Mordfällen

e) die _____ | von einer Regel
von einem Verbot
von einer Gewohnheit

f) der _____ | für einen Schaden
für den verlorenen Schlüssel
für das fehlende Teil

6. Welches Nomen paßt?

a) Die neue Autobahn ist jetzt fast fertig. D_____
   letzt_____ _____ wird nächste Woche für
   den Verkehr freigegeben. *(Anteil/Abschnitt/Detail)*

b) Hunde und Katzen sind in den Wohnungen nicht
   erlaubt; das ist _____ des Mietvertrages.
   (Bestandteil/Einzelheit/Beispiel)

c) Herzkrankheiten sind ein_____ _____ in der
   medizinischen Forschung unserer Universität.
   (Hauptsache/Hinsicht/Schwerpunkt)

d) Weil der Zug sehr voll war, bin ich erst_____
   _____ gefahren. *(Typ/Klasse/Niveau)*

e) Fische können nur im Wasser leben. Wenn man sie aus
   ihr_____ _____ herausholt, müssen sie ster-
   ben. *(Gebiet/Element/Klasse)*

f) Meine Großmutter ist völlig gesund. In dies_____
   _____ müssen wir uns keine Sorgen um sie
   machen. *(Hinsicht/Detail/Bestandteil)*

7. Ergänzen Sie.

untereinander	ausschließlich	anstatt
hinsichtlich	beispielsweise	ausgenommen

a) Sie mag keine Milch, lieber = Sie trinkt lieber Saft
   Saft.   _____ Milch.

b) Hier darf man jeden Tag   = Das Parken ist jeden Tag er-
   parken, nur an Sonntagen   laubt, _____
   nicht.   sonntags.

c) Dieser Weg darf nur von   = Diesen Weg dürfen
   Fußgängern benutzt wer-
   den.   _____
                                  Fußgänger benutzen.

d) Die vier Geschwister haben   = Die vier Geschwister strei-
   häufig Streit.   ten sich häufig
                                  _____ .

e) Ich möchte am Wochen-   = Ich möchte am Wochen-
   ende etwas unternehmen.   ende etwas unternehmen.
   Wir könnten zum Beispiel   Wir könnten _____
   in die Berge fahren.   in die Berge fahren.

f) Haben Sie noch irgendwel- = Haben Sie noch Fragen
   che Fragen in bezug auf Ih-   _____ Ihres
   ren neuen Arbeitsplatz?   neuen Arbeitsplatzes?

398. Wie passen die Dialogteile zusammen?

a) Was meinst du, soll ich meine grüne Hose und den neuen roten Pullover anziehen?

b) Der Film ist langweilig. Wollen wir nicht lieber den Fernseher ausmachen?

c) Nächstes Jahr werden die Steuern für Zigaretten erhöht.

d) Heute abend habe ich leider keine Zeit. Ich muß in meinen Englischkurs gehen.

e) Ich habe gestern angefangen, dein Buch zu lesen. Es ist ziemlich schwierig.

A) Kannst du nicht einmal eine Stunde auslassen?

B) Die nachfolgenden Kapitel sind etwas einfacher.

C) Warte noch. Auf den Film folgen die Nachrichten.

D) Das paßt doch nicht zusammen!

E) Das betrifft mich zum Glück nicht. Ich bin Nichtraucher.

a	b	c	d	e

17 Art und Weise, Vergleich

17.1 Art und Weise   1–2000

**399. Beide Sätze haben (fast) die gleiche Bedeutung.
Ergänzen Sie die folgenden Wörter jeweils im zweiten
Satz.**

> grundsätzlich   so   gleichmäßig   gern
> genau   gewöhnlich   irgendwie

a) Er mag Tiere.
   Er ist _____ mit Tieren zusammen.
b) Ich stehe in der Regel um sieben Uhr auf.
   Ich stehe _____ um sieben Uhr auf.
c) Inge ist davon überzeugt, daß Alkohol schädlich ist;
   deshalb trinkt sie keinen.
   Inge trinkt _____ keinen Alkohol.
d) Auf irgendeine Art und Weise werden wir das Problem
   schon lösen.
   Sicher werden wir das Problem _____
   lösen.
e) Das mußt du auf diese Weise machen.
   Das mußt du _____ machen.
f) Er kam pünktlich um zehn Uhr.
   Er kam _____ um zehn Uhr.
g) Wir müssen die Schokolade so verteilen, daß jedes Kind
   ein Stück bekommt.
   Wir müssen die Schokolade _____
   unter die Kinder verteilen.

2001–4000

0. Was paßt?

a) Halsweh, Husten und Schnupfen sind
_____ Kennzeichen einer Erkältung.
(ausdrücklich/typisch/konsequent)

b) Warum bist du aufgestanden? Der Arzt hat dir doch
_____ gesagt, daß du im Bett bleiben
mußt. *(hastig/ausführlich/ausdrücklich)*

c) Ich habe gleich einen Termin beim Zahnarzt. Vorher
muß ich mir noch _____ die Zähne
putzen. *(gründlich/gleichmäßig/konsequent)*

d) Es gibt leider keine neue Nachricht. Dem Patienten geht
es_____schlecht.*(üblich/konsequent/
unverändert)*

e) Jens hat Bauchweh, weil er zu _____
gegessen hat. *(hastig/typisch/üblich)*

f) Das Gerät ist ziemlich schwer zu bedienen, aber es liegt
eine _____ Gebrauchsanweisung
dabei. *(ausdrücklich/ausführlich/unverändert)*

17.2 Grad und Vergleich | 1–2000

01. Was kann man nicht sagen?

a) Diese Arbeit ist
- ☐ äußerst
- ☐ sehr
- ☐ recht
- ☐ besonders
- ☐ völlig
- ☐ ziemlich
- ☐ ganz

wichtig.

b) □ Vor allem | diese Arbeit ist wichtig.
　 □ Insbesondere
　 □ Äußerst
　 □ Besonders
　 □ Hauptsächlich
　 □ Gerade

c) Das Auto ist | □ viel | kaputt.
　　　　　　　 □ vollständig
　　　　　　　 □ vollkommen
　　　　　　　 □ ganz
　　　　　　　 □ völlig
　　　　　　　 □ total

d) Dieses Auto ist | □ besonders | schnell.
　　　　　　　　 □ sehr
　　　　　　　　 □ äußerst
　　　　　　　　 □ ziemlich
　　　　　　　　 □ erheblich
　　　　　　　　 □ ganz
　　　　　　　　 □ recht

e) Diese Arbeit ist | □ sehr viel | wichtiger als die andere.
　　　　　　　　 □ kaum
　　　　　　　　 □ ein wenig
　　　　　　　　 □ völlig
　　　　　　　　 □ erheblich
　　　　　　　　 □ ein bißchen

f) Ich hätte | □ beinahe | den Zug verpaßt.
　　　　　 □ dringend
　　　　　 □ fast

2000–4000

2. Welche Sätze passen zu welchem Bild?

a) A und B sind gleich gekleidet. _①_

b) A und B sind ähnlich gekleidet. _____

c) A und B sind ganz unterschiedlich gekleidet. _____

d) A ist ganz anders gekleidet als B. _____

e) A ist ebenso gekleidet wie B. _____

f) A ist fast so wie B gekleidet. _____

g) A ist genauso gekleidet wie B. _____

h) A und B sind ganz verschieden gekleidet. _____

i) A und B unterscheiden sich sehr in ihrer Kleidung.

_____

j) A und B unterscheiden sich kaum in ihrer Kleidung.

_____

k) A und B unterscheiden sich nicht in ihrer Kleidung.

_____

403. Was paßt nicht?

Das Wetter in den letzten Wochen war	☐ vorwiegend	gut.
	☐ immer	
	☐ stark	
	☐ zumeist	
	☐ überwiegend	

18 Farben

Grün, grün, grün sind alle meine Kleider

Grün, grün, grün sind al - le mei - ne Klei - der,

grün, grün, grün ist al - les, was ich hab.

Da - rum lieb ich al - les, was so grün ist,

weil mein Schatz ein Jä - ger, Jä - ger ist.

Altes Spiellied

2. Weiß, weiß weiß sind alle meine Kleider,
weiß, weiß, weiß ist alles was ich hab.
Darum lieb ich alles, was so weiß ist,
weil mein Schatz ein Müller, Müller ist.

3. Blau, blau, blau sind alle meine Kleider,
blau, blau, blau ist alles, was ich hab.
Darum lieb ich alles, was so blau ist,
weil mein Schatz ein Färber, Färber ist.

4. Bunt, bunt, bunt sind alle meine Kleider,
bunt, bunt, bunt ist alles, was ich hab.
Darum lieb ich alles, was so bunt ist,
weil mein Schatz ein Maler, Maler ist.

5. Schwarz, schwarz, schwarz sind alle
meine Kleider, schwarz, schwarz,
schwarz ist alles, was ich hab.
Darum lieb ich alles, was so schwarz ist,
weil mein Schatz ein Schornsteinfeger,
Schornsteinfeger ist.

19 Formen | 1 – 2000

404. Welches Nomen paßt zu welcher Zeichnung?

| Bogen | Fläche | Kreis | Ecke | Kugel | Linie |

a)

b)

c)

d)

e)

f)

405. Zu welcher Zeichnung passen welche Adjektivpaare?

a) Messer: _____

b) Gesicht: _____

c) Bleistift: _____

d) Turm: _____

e) Dach: _____

f) Mauer: _____

g) Treppe: _____

h) Hund: _____

flach – spitz

steil – flach

groß – klein

schmal – rund

niedrig – hoch

spitz – stumpf

gerade – schief

scharf – stumpf

06. Welches Nomen paßt zu welcher Zeichnung?

| Kante | Quadrat | Knoten | Strich | Tiefe | Kreuz |

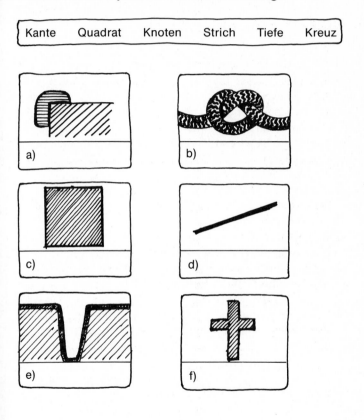

20 Ursache und Wirkung | 1–2000

407. Welches Nomen paßt?

a) Die Waldbrände in diesem Jahr sind d_____ _____ eines sehr heißen und trockenen Sommers. *(Zweck/ Grund/Folge)*

b) Die Polizei kennt d_____ _____ des Großbrandes noch nicht. *(Ursache/Bedingung/Voraussetzung)*

c) Mein Auto ist alt und fährt nicht mehr sehr schnell, aber es erfüllt sein_____ _____. *(Ergebnis/ Zweck/(Zusammenhang)*

d) Kopfschmerztabletten löst man am besten in Wasser auf; dann tritt d_____ _____ schneller ein. *(Folge/Ergebnis/Wirkung)*

e) Aus welch_____ _____ wollten Sie mit mir sprechen? *(Grund/Ursache/Bedingung)*

f) Die Verhandlungen dauern schon mehrere Wochen, aber es gibt immer noch kein_____ _____. *(Anlaß/Ergebnis/Wirkung)*

g) Letzte Woche fehlte Geld in der Kasse, und jetzt wurden zwei Kollegen entlassen. Meinst du, daß da ein _____ _____ besteht? *(Entwicklung/Voraussetzung/Zusammenhang)*

h) Mit mehreren Leuten in einem Raum kann ich nicht arbeiten. Ich nehme die Stelle nur unter d_____ _____ _____ an, daß ich mein eigenes Büro bekomme. *(Bedingung/Ursache/Anlaß)*

08. Wie passen die Dialogteile zusammen?

a)	Warum beeilst du dich so sehr?	A)	Ich werde weniger essen, natürlich!
b)	Weißt du, wie das Feuer entstanden ist?	B)	Sie braucht viel Licht, sonst entwickelt sie sich nicht richtig.
c)	Wie ist der Autounfall passiert?	C)	Die Ursache war wahrscheinlich eine defekte Gasleitung.
d)	Du hast also 3 Kilo zugenommen. Und was folgt daraus?	D)	Um schnell fertig zu werden. Ich habe gleich eine Verabredung.
e)	Wollt ihr das Fest im Haus oder im Garten feiern?	E)	Auf der Autobahn ist der rechte Vorderreifen geplatzt.
f)	Warum stellst du die Pflanze ans Fenster?	F)	Das ist vom Wetter abhängig.

a	b	c	d	e	f

2001–4000

09. Welches Verb paßt?

> beruhen   verursachen   erleiden   abhängen   auslösen
> verdanken   vorkommen   ergeben   bedingen

a) Die Verunglückten _____ ihre Rettung nur dem Zufall.

b) Der ganze Streit _____ auf einem Mißverständnis.

c) Diese Arbeit _____ viel Zeit und Geduld.

d) Seine Bemerkung hat eine lange Diskussion _____ .

e) So ein schwerer Fehler darf nicht wieder _____.

f) Der Unfall wurde durch zu schnelles Fahren _____.

g) Die ärztliche Untersuchung hat _____, daß Herr Funke einen Herzfehler hat.

h) Die deutsche Fußballmannschaft hat beim Spiel gegen England eine schwere Niederlage _____.

i) Ich bekomme kein festes Gehalt. Die Höhe meines Einkommens _____ davon _____, wieviel ich arbeite.

410. Welches Nomen paßt?

a) Die Feuerwehr konnte d_____ _____ des Brandes auf andere Häuser im letzten Moment verhindern. *(Flamme/Herkunft/Ausweitung)*

b) Die Kritik seiner Kollegen hatte keinerlei _____ auf sein Verhalten. *(Auswirkung/Faktor/Grundlage)*

c) D_____ _____ des Medikaments hängt davon ab, ob es regelmäßig genommen wird. *(Funktion/ Wirksamkeit/Konsequenz)*

d) Die Geschichtswissenschaftler wissen wenig über d _____ _____ dieses Volkes. *(Ursprung/Faktor/ Prinzip)*

e) Dieses Gerät schaltet sich um 20.00 Uhr automatisch ab. Es ist nur tagsüber in _____. *(Reaktion/ Explosion/Funktion)*

f) Jochen will plötzlich mit seinem Studium aufhören. Ich glaube nicht, daß ihm d_____ _____ klar sind. *(Prinzipien/Faktoren/Konsequenzen)*

21 Zustand und Veränderung | 1–2000

411. Was paßt zusammen? Verbinden Sie!

a) dünner werden
schlanker werden
Größe/Gewicht verlieren: _____

b) fertig machen,
zu einem Schluß
kommen: _____

c) kaputt machen: _____

d) geschlossen sein
nicht offen sein: _____

e) flüssig werden
flüssig machen: _____

f) wechseln
anders machen: _____

zu sein

schmelzen

ändern

zerstören

abnehmen

beenden

412. Welches Nomen paßt?

Zustand   Ablauf   Wechsel   Entwicklung

a) Der Kurswert des Dollars ist im letzten Jahr um 50%
gestiegen. Mit dieser _____ hatte niemand
gerechnet.

b) Der _____ der Sportveranstaltung war
genau geplant.

c) Das Haus ist zwar alt, aber es ist in einem guten
_____ .

d) Ich muß aus beruflichen Gründen ins Ausland gehen.
Meine Familie wird auch mitkommen, obwohl der
_____ für die Kinder sicher schwierig sein wird.

2001–4000

13. Welches Verb paßt?

verlaufen erweitern ausbreiten zerbrechen steigen

a) Das Feuer hat sich auch auf die Nachbarhäuser
   _____ .

b) Diese Tasse ist mir gerade auf den Boden gefallen und
   dabei _____ .

c) Das Geschäft hat sein Angebot _____ und
   verkauft jetzt auch Teppiche.

d) Die Diskussion ist sehr ruhig _____ .

e) Nächste Woche soll die Lufttemperatur wieder
   _____ .

14. Welches Nomen paßt?

Erweiterung   Rückgang   Phase   Verlauf
Vorgang   Anzeichen   Gleichgewicht   Ausgangspunkt

a) Ich war gestern auf einer Party. Im _____
   des Abends habe ich viele nette Leute kennengelernt.

b) Dieser Zeuge hat den Raubüberfall beobachtet; er kann
   den _____ genau beschreiben.

c) In den Sommermonaten gab es einen _____
   der Arbeitslosenzahlen von 2,4% auf 2,1%.

d) Die Verhandlungen befinden sich zur Zeit in einer
   schwierigen _____ .

e) Weil die Anzahl der Flüge ständig zunimmt, ist eine
   _____ des Flughafens geplant.

f) _____ der Diskussion war die Frage,
   ob auf den Autobahnen eine Geschwindigkeitsbegren-
   zung eingeführt werden sollte.

g) Kannst du auf einem Bein stehen und trotzdem das
   _____ halten?

h) Fieber ist oft das erste _____ einer Krank-
   heit.

Lösungsschlüssel

Ü 1 (11) der Arm (6) das Auge (12) der Bauch (16) das Bein (5) die Brust (14) der Finger (17) der Fuß (2) das Haar (4) der Hals (13) die Hand (10) das Herz (15) das Knie (1) der Kopf (8) der Mund (7) die Nase (3) das Ohr (9) der Zahn

Ü 2 a) Gesicht b) Größe c) Haut d) Rücken e) Kraft f) Körper g) Blut

Ü 3 d) die Backe a) das Gehirn f) das Kinn c) das Lid e) die Lippe b) die Stirn

Ü 4 a) Muskeln b) Schweiß c) Organ d) Gelenk e) Leib f) Knochen g) Glieder h) Magen i) Schultern j) Rippen k) Faust l) Nerv

Ü 5 niedrig, dick

Ü 6 a) Fuß b) Zeh(e) c) Bauch d) Ellbogen e) Lunge f) Bart g) Atem h) Gehirn i) Lippen j) Haut k) Beine

Ü 7 a) hoch, niedrig b) eng c) günstig

Ü 8 a) Schönheit b) Haltung c) Figur d) Aussehen

Ü 9 a) mager, schlank b) schwach, blond c) klein, dick d) blaß, mager e) glatt, blaß f) blond, eng g) blond, jung

Ü 10 a) schnell, im letzten Jahr, nur wenig, fünf Kilo, viel b) blaß, krank, komisch, klug, häßlich

Ü 11 a) bewußt b) vernünftig c) intelligentes d) kluge

Ü 12 a) keine Erfahrung b) keine Vernunft c) eine Erinnerung d) ein sehr gutes Gedächtnis e) kein guter Gedanke f) kein Interesse g) gute Kenntnisse h) den Verstand

Ü 13 a) A.(2) B.(1) C.(3) b) A.(2) B.(1) C.(3) c) A.(2) B.(1) d) A.(3) B.(1) C.(2) e) A.(1) B.(2) C.(3) f) A.(2) B.(3) C.(4) D.(1) g) A.(1) B.(4) C.(2) D.(3)

Ü 14 a) vorstellen b) erinnern c) denke nach d) aufgepaßt e) mißverstanden f) interessiert

Ü 15 a) geschickt b) gewandt c) dumm d) gescheites e) verrückt f) weise

Ü 16 a) verstehen *(verstanden)* b) Verständnis haben *(Wir haben kein Verständnis dafür, daß das Gericht …)* c) zu der Überzeugung kommen *(Klaus ist zu der Überzeugung gekommen, daß …)* d) Information bekommen *(Gestern habe ich die Information bekommen, daß …)* e) begreifen *(… nicht richtig begriffen)* f) entwickeln *(… Packmaschine entwickelt)* g) bedenken *(… genau bedacht)*

Ü 17 a) eine gute Idee/ein guter Einfall b) Phantasie c) keine Neigung/keine Lust d) eine falsche Vorstellung e) das berufliche Können f) der Erkenntnis g) eine technische Erfindung

Ü 18 a) bescheiden b) neugierig c) sparsam d) ehrlich e) fleißig f) geduldig g) gerecht h) streng i) zuverlässig j) nett k) anständig (ehrlich) l) eingebildet

Ü 19 a) verlegen b) ernsthaft c) großzügig d) stolz e) leichtsinnig f) würdig (würdigen)

Ü 20 a) Mut b) Laune c) Neugier d) Sorgfalt e) Einbildung f) Wille

Ü 21 a) faul b) unordentlich c) humorvoll (humorvoller) d) ernst
e) sorgfältig f) nervös g) schüchtern h) unselbständig i) fair

Ü 22 a) Frisur b) Wetter c) Herz d) Hunger e) Fehler f) Lust
g) Hoffnung

Ü 23 a) lachen b) lächeln c) fühlen d) genießen e) freuen f) hoffen
g) lieben h) empfinden

Ü 24 a) Hoffnung b) Liebe c) Lust d) Stimmung e) Freude

Ü 25 a) zufrieden b) verliebt c) fröhlich d) erfreut e) heiter
f) zärtlich

Ü 26 a) Erleichterung b) Gefühl c) Glück d) Lachen e) Leiden-
schaft f)Spaß g)Lächeln

Ü 27 a) Angst b) Sorge c) Trauer d) Wut e) Ärger f) Aufregung

Ü 28 a) verzweifelt/unglücklich (ärgerlich/traurig) b) wütend/
ärgerlich/böse c) unangenehm d) unglücklich e) traurig/un-
glücklich (verzweifelt) f) ärgerlich (unangenehm) g) böse/
ärgerlich (wütend)

Ü 29 a) bedauern b) sich fürchten c) sorgen d) sich aufregen

Ü 30 a) besorgt b) erregt c) hoffnungslos d) einsam e) zornig
f)eifersüchtig g) erschüttert

Ü 31 a) beunruhigen b) schockieren c) schämen d) vermissen
e) hassen

Ü 32 a) Fieber b) Grippe c) Husten d) Verletzung e) Schmerzen
f) Pille g) Wunde h) Verband i) Erkältung j) Gesundheit
k) Krankheit

Ü 33 a) hoch, groß b) klein, leise c) niedrig, hoch d) nett, hoch
e) laut, gut f) leise, niedrig g) hoch, dick

Ü 34 a) leiden b) sich verletzen (schmerzen, bluten) c) husten
d) sich erkälten e) schmerzen (bluten, sich verletzen) f) blu-
ten (schmerzen, sich verletzen)

Ü 35 a) Kopfschmerzen, Kopfweh b) Ohrenschmerzen c) Zahn-
schmerzen d) Halsschmerzen

Ü 36 a) Übelkeit b) Lebensgefahr c) Leiden d) Ohnmacht

Ü 37 a) giftig b) blind c) ohnmächtig d) taub e) lahm

Ü 38 a) Geburt b) Kindheit c) Jugend d) Berufsleben e) Alter f) Tod

Ü 39 a) alt b) geboren c) jung gestorben d) tödlich … tot

Ü 40 a) Begräbnis b) Selbstmord c) Alter d) Erbe e) Krise

Ü 41 a) anfassen, fühlen, greifen b) ansehen, beobachten, be-
trachten,blicken, schauen, sehen c) hören d) riechen

Ü 42 a) schwitzen b) frieren c) schlafen d) weinen

Ü 43 a) frieren b) weinen c) riechen d) hören e) anfassen f) schla-
fen g) träumen

Ü 44 a) Schlaf b) Geschmack c) Blick d) Geruch e) Träne f) Traum
g) Blick h) Geschmack i) Traum

Ü 45 a) erkennen (erkannt) b) zusehen c) starren (starrt) d) wahr-
nehmen (wahrgenommen)

Ü 46 a) erschöpft sein ermüden schläfrig sein ins Bett gehen
b) aufwachen aufwecken wecken aufstehen (schläfrig
sein)

Ü 47 **a)** (Zähne)putzen **b)** wischen **c)** spülen **d)** sich duschen **e)** waschen **f)** sich kämmen **g)** abtrocknen

Ü 48 **a)** die Seife, die Wäsche **b)** sich die Zähne, die Wohnung **c)** den Teppich, den Fußboden **d)** die Teller, sich die Füße **e)** den Pullover, die Wäsche **f)** den Staub, sich die Haare

Ü 49 **a)** der Fleck **b)** die Bürste **c)** die Seife **d)** das Handtuch **e)** die Dusche **f)** die Creme **g)** das Bad **h)** der Kamm

Ü 50 **a)** Rasierapparat **b)** Rasierklinge **c)** Schwamm **d)** Zahnpastatube **e)** Waschmaschine **f)** Puder

Ü 51 **a)** beschließen (beschlossen?) **b)** sich beteiligen (Möchtest du dich nicht auch beteiligen?) **c)** vorhaben (Jens hat vor, …) **d)** gelingen (Es ist mir gelungen, die …) **e)** sich bemühen (Ich bemühe mich seit Tagen, …) **f)** besorgen **g)** erledigen (erledigt)

Ü 52

a	b	c	d
C	A	D	B

Ü 53 **a)** tut/macht **b)** arbeitet **c)** tut **d)** gemacht **e)** machen **f)** tun (machen, arbeiten) **g)** getan **h)** getan/gemacht **i)** arbeitet **j)** tun **k)** gearbeitet **l)** machen **m)** machen **n)** tun **o)** gemacht **p)** tut **q)** macht **r)** Tu/mach(e) **s)** machen **t)** getan

Ü 54 **a)** Plan **b)** Absicht **c)** Mühe **d)** Beschäftigung **e)** Handlung **f)** Tätigkeit (Beschäftigung) **g)** Werk

Ü 55 **a)** ein Ziel **b)** ein Glas Milch **c)** ein Schwimmbad **d)** eine Angewohnheit **e)** den Weg zum Bahnhof **f)** Spaß

Ü 56 **a)** befassen **b)** beabsichtigen **c)** durchsetzen **d)** anstrengen **e)** beachten

Ü 57 **a)** Angewohnheit **b)** Anstrengung **c)** Bemühung **d)** Überwindung **e)** Planung

Ü 58 **a)** Er fährt Auto. **b)** Sie liegt auf einem Sofa. **c)** Er wartet auf den Bus. **d)** Er tritt einen Ball. **e)** Sie geht spazieren. **f)** Sie springt über einen Bach. **g)** Er stürzt beim Skilaufen. **h)** Er setzt sich auf einen Stuhl. **i)** Er rennt zur Bushaltestelle. **j)** Er steht an einer Bar.

Ü 59 **a)** ausruhen **b)** Kommt **c)** beeilen **d)** bin da **e)** befindet **f)** bleiben

Ü 60 **a)** Schritt **b)** Aufenthalt **c)** Ruhe **d)** Eile **e)** Bewegung **f)** Sprung

Ü 61 **a)** vorbei **b)** zurück **c)** weiter **d)** weg

Ü 62 **a)** klettern **b)** aufstehen **c)** fallen **d)** sich umdrehen **e)** überqueren **f)** kriechen **g)** ausrutschen (fallen) **h)** anlehnen

Ü 63 **a)** holen **b)** stellen **c)** bringen **d)** schicken

Ü 64 **a)** hängen **b)** wenden **c)** tragen **d)** schieben **e)** drehen **f)** werfen **g)** rollen

Ü 65 **a)** schwimmen **b)** schleppen **c)** treiben **d)** schütteln **e)** strömen **f)** treiben

Ü 66 **a)** einen guten Geschmack **b)** ein gutes Gehalt **c)** das Tischtuch auf dem Tisch **d)** schnelles Arbeiten **e)** die Temperatur **f)** eine schöne Erinnerung **g)** auf einem Berg

Ü 67 **a)** bieten **b)** tauschen **c)** Gibst (geben) **d)** Nehmen **e)** anbieten **f)** danke (danken) **g)** Haben **h)** brauche (brauchen)

Ü 68 **a)** aufgeteilt (aufteilen) **b)** reicht (reichen) **c)** verleiht (verleihen) **d)** zurückgeben **e)** abgeben **f)** benötigen **g)** umtauschen **h)** wegnehmen **i)** verweigerte (verweigern)

Ü 69 **a)** überreichen (übergeben) **b)** übernehmen **c)** übergeben **d)** überlassen

Ü 70 **a)** wechseln **b)** heben **c)** reiben **d)** füllen **e)** kleben **f)** wickeln **g)** stechen **h)** pressen **i)** mahlen **j)** drücken **k)** schneiden **l)** sich kratzen **m)** biegen **n)** graben **o)** brechen **p)** gießen

Ü 71 **a)** hängen **b)** mischen **c)** anwenden **d)** stecken **e)** zumachen/öffnen **f)** aufräumen **g)** aufhören **h)** abmachen

Ü 72 **a)** verlieren **b)** kürzen **c)** finden **d)** sammeln **e)** verhindern **f)** verstecken

Ü 73 **a)** schließen **b)** Legen **c)** aufhalten **d)** gewogen *(wiegen)* **e)** behandelt *(behandeln)* **f)** gebrauchen *(verwenden)* **g)** verwenden *(gebrauchen)* **h)** leihen **i)** ziehen **j)** getreten *(treten)*

Ü 74 **a)** Verbrauch **b)** Anwendung **c)** Sammlung **d)** Verwendung

Ü 75 **a)** das Wasser **b)** den Stadtplan **c)** ein Fahrrad **d)** das Frühstück **e)** die Angst vor der Prüfung **f)** die Brieftasche **g)** die Haustür **h)** das Wetter

Ü 76 **a)** festhalten **b)** treten **c)** leiten **d)** dulden **e)** treffen **f)** ersetzen **g)** ändern **h)** finden

Ü 77 **a)** dünn **b)** dick **c)** schwach **d)** schmal **e)** groß **f)** scharf **g)** kalt **h)** dick **i)** schwach

Ü 78 **a)** dulden **b)** kümmern **c)** pflegen **d)** ersetzen **e)** treffen **f)** sorgen **g)** versorgen **h)** schaffen

Ü 79 **a)** Führung **b)** Suche **c)** Pflege **d)** Kontrolle **e)** Gewohnheit **f)** Schwierigkeiten **g)** Verantwortung **h)** Warnung **i)** Vorsicht **j)** Versprechen

Ü 80 **a)** angezündet *(anzünden)* **b)** zerrissen *(zerreißen)* **c)** zusammenlegen **d)** geklopft *(klopfen)* **e)** genäht *(nähen)* **f)** streichen **g)** aufmachen **h)** auseinandernehmen **i)** abschneiden **j)** sägen

Ü 81 **a)** die Kerze **b)** eine Frage **c)** einen guten Gedanken **d)** das Fenster **e)** Nudeln in der Suppe **f)** Luft **g)** das Holz **h)** die Wurst aufs Brot **i)** den Fruchtsaft **j)** den Regen **k)** die Uhrzeit **l)** einen Hund **m)** eine Tischdecke

Ü 82 **a)** spannen **b)** aufmachen **c)** senken

Ü 83 **a)** die Überraschung **b)** die Bemühung **c)** die Luft **d)** Aufsicht **e)** eine Prüfung **f)** mit einem Buch **g)** einen Fehler **h)** einen Berg **i)** die Störung **j)** das Wasser **k)** das Wetter **l)** die Prüfung

Ü 84 **a)** aufgegeben (aufgeben) **b)** beherrscht (beherrschen) **c)** einbeziehen **d)** stützen **e)** enthält (enthalten) **f)** eingegangen (eingehen) **g)** nachahmen **h)** nachgegeben (nachgeben) **i)**

umgedreht (umdrehen) **j)** umgehen **k)** verbindet (verbinden)
l) überraschen

Ü 85

a	b	c	d	e	f	g
B	G	F	A	D	C	E

Ü 86 **a)** Zeile **b)** Regal **c)** Korrektur **d)** Theorie **e)** Buchstabe
f) Begriff **g)** Bibliothek **h)** Rechnung **i)** Seite **j)** Regal

Ü 87 **a)** Wissenschaftler **b)** Bibliothek **c)** Rechnung **d)** Theorie
e) Fähigkeit **f)** Seite

Ü 88 **a)** Naturwissenschaft **b)** Beispiel **c)** Fortschritte **d)** Fach
e) Bildung **f)** Geschichte

Ü 89

a	b	c	d	e	f	g	h
C	G	B	E	A	D	F	H

Ü 90 **a)** Chemie **b)** Germanistik **c)** Philosophie **d)** Physik **e)** Biolo-
gie **f)** Geographie

Ü 91

a	b	c	d	e	f	g	h	i	j
J	G	B	C	F	E	H	I	A	D

Ü 92 **a)** Blatt **b)** Formel **c)** Notiz **d)** Praxis **e)** Übersetzung

Ü 93 **a)** ein Gespräch **b)** eine Bücherei **c)** beim Schlafen **d)** zu
bedeuten **e)** den Überblick

Ü 94 **a)** schweigen **b)** antworten **c)** Antwort **d)** leise **e)** ruhig

Ü 95 **a)** Aussprache **b)** Laut **c)** Witz **d)** Verständigung
e) anhören **f)** schweigsam

Ü 96 **a)** Muttersprache **b)** Aussage **c)** Stimme **d)** Bemerkung
e) Gespräch **f)** Ausdruck **g)** Mitteilung

Ü 97 **a)** erzählen **b)** spricht (sprechen) **c)** gesagt (sagen) **d)** geredet
(reden) **e)** wiederholen **f)** rufen **g)** mitteilen

Ü 98 **a)** ausdrücken **b)** besprechen **c)** schildern **d)** benachrichti-
gen **e)** vereinbaren

Ü 99 **a)** schweigen **b)** flüstern **c)** sprechen **d)** rufen **e)** schreien

Ü 100

a	b	c	d	e
D	B	E	A	C

Ü 101 **a)** Schilderung **b)** Besprechung/Unterredung **c)** Anmerkung
d) Schrei **e)** Vereinbarung

Ü 102 **a)** Schrift **b)** Rechtschreibung **c)** Bleistift **d)** schriftlich **e)** un-
lesbar

Ü 103 **a)** berichten **b)** erklären **c)** melden **d)** informieren **e)** beschrei-
ben **f)** zeigen

Ü 104 **a)** Auskunft **b)** Neuigkeiten **c)** Bericht **d)** Erklärung **e)** Rat
f) Beschreibung **g)** Nachricht **h)** Information (Auskunft)

Ü 105 **a)** ein Wort **b)** einen Tip **c)** nach Hause **d)** die Rechtschrei-
bung **e)** die Wohnung über der Bäckerei

Ü 106 **a)** der Meinung/der Ansicht **b)** seine Meinung/seine Ansicht/
seinen Standpunkt **c)** dem Standpunkt **d)** die Meinung

e) meiner Meinung/meiner Ansicht **f)** ihre Meinung **g)** meinem Standpunkt

Ü 107 **a)** festgestellt *(feststellen)* **b)** empfehlen **c)** begründet *(begründen)* **d)** meine *(meinen)* **e)** überredet *(überreden)* **f)** überzeugt *(überzeugen)*

Ü 108 **a)** unerwartet **b)** selbstverständlich **c)** ungewöhnlich **d)** sachlich

Ü 109 **a)** andererseits **b)** sowieso **c)** gewissermaßen **d)** allerdings **e)** ohnehin

Ü 110 **a)** Auffassung/Überzeugung **b)** Argument **c)** Urteil **d)** Auffassung/Überzeugung/Argument/Urteil/Stellungnahme/Einstellung **e)** Auffassung/Einstellung **f)** Stellungnahme **g)** Überzeugung

Ü 111 **a)** Dennoch **b)** einverstanden **c)** gegen **d)** meinetwegen **e)** unbedingt **f)** egal **g)** lieber

Ü 112 **a)** beschweren **b)** widersprechen **c)** ablehnen **d)** wählen **e)** zugeben

Ü 113 **a)** Wahl **b)** Zustimmung **c)** Bedenken **d)** Ablehnung **e)** Beschwerde

Ü 114 **a)** Übereinstimmung, Kompromiß, Übereinkunft **b)** Klage, Protest, Vorwurf

Ü 115 **a)** anerkennen **b)** bedenken **c)** erwidert *(erwidern)* **d)** stimmen … überein *(übereinstimmen)*

Ü 116 **a)** gewiß, bestimmt, tatsächlich **b)** anscheinend, möglicherweise, vermutlich, wohl, eventuell, voraussichtlich

Ü 117 **a)** Eindruck **b)** Annahme (Möglichkeit) **c)** Frage **d)** Zweifel **e)** Möglichkeit **f)** Irrtum **g)** Sicherheit

Ü 118

a	b	c	d	e	f	g
D	E	B	F	G	A	C

Ü 119 **a)** erraten **b)** beweisen **c)** entschließen **d)** ausschließen **e)** bezweifle *(bezweifeln)* **f)** Rate *(raten)* **g)** geklärt *(klären)*

Ü 120

a	b	c	d
D	B	A	C

Ü 121

a	b	c	d	e	f	g	h	i	j	k	l
G	I	F	C	D	E	L	J	B	K	A	H

Ü 122 **a)** der Tisch **b)** der Gedanke **c)** der Himmel **d)** der Pullover **e)** die Temperatur **f)** das Problem

Ü 123 **a)** Wahrheit **b)** Lob **c)** Vorteil **d)** Widerspruch

Ü 124 **a)** halte *(halten)* **b)** gewundert *(wundern)* **c)** gelohnt *(lohnen)* **d)** gefallen **e)** bewundern **f)** ziehe … vor *(vorziehen)* **g)** mag *(mögen)* **h)** gelobt *(loben)* **i)** verdient *(verdienen)*

Ü 125 **A) positive Wertung:** a), c), e), f), h), j), l), m) **B) negative Wertung:** b), d), g), i), k)

Ü 126

a	b	c	d	e
C	E	B	D	A

Ü 127 a) Mangel b) Unsinn c) Kritik d) Nachteile e) Probleme

Ü 128 a) kompliziert b) kritisch c) kritisch d) schlecht e) merkwürdig f) schlecht g) schlimm h) unmöglich i) vergeblich

Ü 129 a) Atem b) Erlaubnis c) Haus d) Wahrheit e) Blume f) Geld g) Vernunft

Ü 130 a) auffordern b) verlangen c) wünschen d) weigern e) erlauben f) bitten

Ü 131 a) darf b) wollen c) dürfen d) muß e) mußt f) wollen

Ü 132 a) Forderung b) Verbot c) Vorschlag d) Bitte (Wunsch) e) Wunsch f) Erlaubnis

Ü 133

a	b	c	d	e	f	g	h
C	D	F	A	B	G	H	E

Ü 134

a	b	c	d	e	f	g	h	i	j	k	l
C	E	H	F	G	L	K	D	A	J	I	B

Ü 135 a) Kind b) Jugendlicher/Jugendliche c) Erwachsener/Erwachsene d) Mann e) Frau f) Mensch

Ü 136 a) Vorname b) Familienname (Zuname) c) Name

Ü 137

a	b	c	d	e
B	E	D	A	C

Ü 138 a) Herr b) Frau c) Baby d) Dame e) Personen f) Titel g) Geschlecht

Ü 139 a) Sohn b) Schwester c) Eltern d) Bruder e) Tochter f) Ehefrau g) Geschwister h) Ehemann i) Familie j) Mutter k) Vater

Ü 140 a) Ehepaar b) Verwandter c) Kuß d) Onkel e) Paar f) Ehe g) Tante

Ü 141 a) Erziehung b) Witwe c) Bräutigam d) Tante e) Nichte

Ü 142 a) ledig sein b) sich verlieben c) sich verloben d) heiraten e) sich scheiden lassen

Ü 143

a	b	c	d	e	f	g
C	F	D	B	G	A	E

Ü 144 a) Freunde b) Fremder c) Bekannte d) Freundschaft e) Gesellschaft f) Wiedersehen g) Pflicht

Ü 145

a	b	c	d
B	D	C	A

Ü 146 a) Verkäufer/Verkäuferin b) Bäcker/Bäckerin c) Bauer/Bäuerin d) Hausfrau/Hausmann e) Sekretär/Sekretärin f) Techni-

ker/Technikerin **g)** Beamter/Beamtin **h)** Politiker/Politikerin
i) Ingenieur/Ingenieurin

Ü 147 **a)** Unternehmer(in) **b)** Metzger(in) **c)** Bauarbeiter(in)
d) Wirt(in) **e)** Friseur/Friseuse **f)** Schneider(in) **g)** Journa-
list(in) **h)** Vertreter(in)

Ü 148

a	b	c	d	e	f	g	h	i
G	B	A	H	C	D	E	I	F

Ü 149 **a)** Aufstiegs **b)** Elend **c)** Autorität **d)** Ehre **e)** Status **f)** Ansehen
g) Abstieg **h)** Rang

Ü 150 **a)** behandeln **b)** vertrauen **c)** erwarten **d)** beruhigen **e)** ab-
machen **f)** entschuldigen **g)** bedanken **h)** verhalten

Ü 151 **a)** Vertrauen **b)** Rücksicht **c)** Einfluß **d)** Hilfe **e)** Verhalten
f) Verzeihung/Entschuldigung

Ü 152 **a)** Brauch **b)** Gelächter **c)** Respekt **d)** Scherz

Ü 153 a) den Weg zum Flughafen **b)** die Milch vor der Katze **c)** sich
mit einem Buch **d)** den schweren Koffer **e)** einen Brauch
f) die Fenster des Hauses **g)** das Bild an die Wand

Ü 154 **a)** enttäuschen **b)** gedroht *(drohen)* **c)** lügen **d)** ärgern
e) streiten **f)** erschreckt *(erschrecken)*

Ü 155

a	b	c	d	e	f
E	C	B	F	D	A

Ü 156 **a)** sich mit der Zahnbürste **b)** den Koffer zum Bahnhof **c)** das
Glas aus dem Schrank **d)** einen Streit **e)** ein Stück Fleisch
f) sich beim Schlafen **g)** einen Teller Suppe

Ü 157 **a)** Besuch/Gäste **b)** Nachbar **c)** Mitglied **d)** Leute/Gäste
e) Fußballverein/Fußballklub **f)** Feste/Parties

Ü 158 **a)** vorstellen **b)** verabschieden **c)** kennenlernen **d)** empfan-
gen **e)** veranstalten **f)** vorbeikommen

Ü 159 **a)** Kontakt **b)** Gastgeber **c)** Verabredung **d)** Treffen **e)** Veran-
staltung **f)** Versammlung

Ü 160

a	b	c	d	e	f
C	F	B	D	E	A

Ü 161 **a)** Unglück, Gefahr, Not, Schaden, Pech, Zufall **b)** Erfolg,
Glück, Chance, Freude, Zufall

Ü 162 **a)** ein Opfer **b)** Der Brand **c)** einen Gewinner **d)** glücklicher-
weise **e)** ein Risiko

Ü 163 **a)** Ausweg **b)** Gewinne **c)** Lage **d)** Mißerfolg **e)** Notfall **f)** Ret-
tung

Ü 164 **a)** Fenster **b)** Dachboden **c)** Wand **d)** Bad **e)** Stecker **f)** Hei-
zung **g)** Garten **h)** Wohnung

Ü 165 **a)** schwer **b)** gemütlich **c)** kurz **d)** sympathisch **e)** schnell
f) leicht **g)** weich **h)** langsam **i)** fett

Ü 166 **a)** wohnen **b)** abschließen **c)** mieten **d)** klingeln

Ü 167 **a)** Neubau **b)** Aufzug/Lift **c)** Wohnzimmer **d)** Schlafzimmer **e)** Decke **f)** Saal **g)** Fassade **h)** Hof **i)** Tor **j)** Vermieter **k)** Halle

Ü 168

a	b	c	d	e	f	g
B	E	F	G	A	D	C

Ü 169 **a)** Tisch **b)** Bett **c)** Schrank **d)** Kühlschrank **e)** Sessel **f)** Stuhl **g)** Lampe **h)** Ofen **i)** Sofa **j)** Teppich

Ü 170 **a)** eine große Bank **b)** eine Decke **c)** Fach **d)** eine bessere Einrichtung

Ü 171

a	b	c	d	e	f	g	h	i	j	k
D	E	J	F	B	A	H	C	I	G	K

Ü 172 **a)** Tasse **b)** Schere **c)** Geschirr **d)** Nadel **e)** Pfanne

Ü 173

a	b	c	d	e	f	g	h	i
C	F	G	I	D	B	E	H	A

Ü 174 **a)** Dinge/Sachen **b)** Sache **c)** ein Ding (einen Gegenstand) **d)** Dinge/Sachen/Gegenstände **e)** dieses alte Ding

Ü 175 **a)** Griff **b)** Wäsche **c)** Klingel **d)** Kette **e)** Kiste **f)** Schachtel

Ü 176 **a)** Waschlappen **b)** Brieftasche **c)** Kessel **d)** Hammer **e)** Feuerzeug **f)** Kalender **g)** Nagel **h)** Waage **i)** Wecker

Ü 177

a	b	c	d	e	f	g	h	i
C	G	I	H	F	B	E	D	A

Ü 178 **a)** Schlauch **b)** Untertasse **c)** Glühbirne **d)** Papierkorb **e)** Sack **f)** Grill

Ü 179 **a)** Kopftuch, Hut, Mütze **b)** Pullover, Hemd, Bluse, Jacke **c)** Rock, Hose, **d)** Socken, Schuhe, Strümpfe **e)** Kleid, Mantel

Ü 180 **a)** Gürtel **b)** Knopf **c)** Ring **d)** Uhr **e)** Leder **f)** Stoff **g)** Mode

Ü 181 **a)** Reißverschluß **b)** Anzug **c)** Uniform **d)** Unterwäsche **e)** Ärmel **f)** Handschuhe **g)** Perlenkette **h)** Jackett

Ü 182

a	b	c	d	e	f
E	C	F	D	A	B

Ü 183 **a)** ein Gewürz **b)** ein Rezept **c)** ein Restaurant **d)** ein Brot **e)** ein Trinkgeld **f)** eine Speisekarte **g)** den Hunger

Ü 184 **a)** Kiosk **b)** Teller **c)** Gewicht **d)** Hunger **e)** Geschmack

Ü 185 **a)** Flasche **b)** Gericht **c)** der Koch **d)** Imbiß **e)** kochen

Ü 186 **a)** Abendessen **b)** Ober **c)** Essen (Gericht) **d)** Appetit **e)** Löffel **f)** Gericht

Ü 187 **a)** Butter, Käse, Margarine, Sahne **b)** Schweinefleisch, Wurst, Schnitzel, Kotelett, Rindfleisch **c)** Kuchen, Brot

Ü 188 **a)** Soße **b)** Eis **c)** Gemüse **d)** Suppe **e)** Zucker **f)** Ei **g)** Pfeffer **h)** Marmelade

Ü 189 **a)** scharf (sauer) **b)** roh **c)** haltbar **d)** süß **e)** sauer

Ü 190 **a)** Wurst **b)** Gewicht **c)** Schokolade **d)** Brötchen **e)** Würstchen

Ü 191

a	b	c	d	e
D	E	A	B	C

Ü 192 **a)** Birne **b)** Apfel **c)** Nuß **d)** Kartoffel **e)** Salat **f)** Orange/Apfelsine **g)** Obst **h)** Kirsche

Ü 193 **A) Gemüse:** Erbsen, Bohnen, Kohl, Karotten/Möhren
B) Obst: Bananen, Kirschen, Zitronen, Äpfel, Orangen, Erdbeeren

Ü 194 **a)** Alkohol, Getränk, Kaffee, Milch, Saft, Wein, Bier, Tee
b) Glas, Flasche, Tasse **c)** Tabak, Pfeife, Zigarre, Zigarette

Ü 195 **a)** zäh **b)** dick **c)** zart **d)** hart **e)** fett **f)** breit **g)** dick **h)** sauer

Ü 196

a	b	c	d	e	f
C	D	F	E	A	B

Ü 197 **a)** Patient **b)** Rezepte **c)** Apotheke

Ü 198 **a)** Thermometer **b)** Gift **c)** Spritze **d)** Krankenwagen

Ü 199 **a)** Facharzt **b)** Operation **c)** Medizin **d)** Krankenkasse
e) Sprechstunde **f)** Behandlung **g)** Chirurg

Ü 200 **a)** Konkurrenz **b)** Steuern **c)** Umsatz **d)** Versicherung **e)** Aufträge **f)** Gewinne

Ü 201 **a)** Werbung **b)** Lager **c)** Produktion **d)** Buchführung **e)** Wirtschaft

Ü 202 **a)** Steigerung **b)** Börse **c)** Lieferung **d)** Krise **e)** Garantie **f)** Prospekte

Ü 203 **a)** Lieferung **b)** Firma **c)** Chef **d)** Krise **e)** Bedarf **f)** Sport **g)** Ersatzteile

Ü 204 **a)** verbraucht *(verbrauchen)* **b)** produziert *(produzieren)* **c)** ruiniert *(ruinieren)* **d)** exportieren **e)** versichert *(versichern)* **f)** importieren

Ü 205 **a)** Bäckerei **b)** Marke **c)** Kasse **d)** Preis **e)** Kunde **f)** Händler **g)** Kaufhaus **h)** Metzgerei

Ü 206 **a)** Quittung **b)** Vorrat **c)** Supermarkt **d)** Kiosk

Ü 207 **a)** kaufen **b)** handeln **c)** aussuchen **d)** zahlen **e)** kosten

Ü 208 **a)** eine Drogerie **b)** eine große Auswahl **c)** einen guten Service **d)** der Besitzer **e)** eine Reinigung **f)** Werbung **g)** eine Schlange

Ü 209 **a)** Währung **b)** Verlust **c)** Konto

Ü 210 **a)** sparen **b)** verlassen **c)** wechseln **d)** verdienen **e)** kaufen

Ü 211 **a)** bar **b)** Münze **c)** Schein **d)** bargeldlos **e)** Scheck (Überweisung) **f)** Überweisung (Scheck)

Ü 212 **a)** Vermögen, Verdienst, Gewinn, Einkommen, Rente **b)** Verluste, Ausgaben, Schulden

Ü 213

a	b	c	d	e	f
C	E	B	F	A	D

Ü 214 **a)** arbeiten **b)** erledigen **c)** kündigen **d)** bewerben **e)** beschäftigen **f)** vertreten **g)** tippen **h)** einstellen

Ü 215 **a)** Chef, Personal, Arbeiter, Angestellter, Meister **b)** Büro, Halle, Werk, Betrieb, Werkstatt **c)** Freizeit, Ferien, Pause, Urlaub

Ü 216 **a)** Vertrag **b)** Computer **c)** Angelegenheit **d)** Mühe **e)** Verantwortung

Ü 217 **a)** Qualität **b)** Computer **c)** Kopie **d)** Urlaub

Ü 218 **a)** Termin **b)** Projekt **c)** Handwerk **d)** Vertreter **e)** Konferenz **f)** Aktie **g)** Kollege **h)** Handwerk **i)** Unterschrift

Ü 219

a	b	c	d	e
D	B	C	E	A

Ü 220 **a)** Gewerkschaft … Streik … Tarife (Lohntarife) **b)** Arbeitslosigkeit **c)** Mißerfolge **d)** Arbeitszeit … Belastung **e)** Beratung **f)** Anforderungen **g)** Sitzung **h)** Unterschrift **i)** Mitarbeiter(n) … Zusammenarbeit **j)** Abteilungen

Ü 221 **a)** verpachten **b)** leiten **c)** entlassen **d)** anstellen **e)** streiken **f)** unterschreiben

Ü 222 **a)** Anruf (Gespräch) **b)** Porto **c)** Telefonzelle **d)** Telefon **e)** Adresse (Anschrift) **f)** Telefonbuch **g)** Paket **h)** Empfänger

Ü 223 **a)** Briefträger **b)** Telefonkabine **c)** Briefumschlag **d)** Briefmarke **e)** Postkarte **f)** Briefkasten **g)** Postamt **h)** Schalter

Ü 224 **a)** Einschreiben **b)** Drucksache **c)** Luftpost **d)** Postanweisung **e)** postlagernd

Ü 225 **a)** Absender **b)** Briefmarke **c)** Empfänger **d)** Adresse/Anschrift **e)** Postleitzahl

Ü 226

a	b	c	d
C	D	A	B

Ü 227 **a)** Beamter **b)** Formular **c)** Urkunde

Ü 228

a	b	c	d	e
E	D	B	A	C

Ü 229 **a)** Maßnahmen **b)** Vorschriften **c)** Genehmigung **d)** Kontrolle **e)** Schutz

Ü 230 **a)** anmelden … abmelden **b)** beantragen **c)** eintragen **d)** ausfüllen **e)** regeln **f)** nachweisen

Ü 231 **a)** Paragraph **b)** Wartesaal **c)** Stempel

Ü 232 **a)** zwingen **b)** bestraft *(bestrafen)* **c)** gestohlen *(stehlen)* **d)** beweisen **e)** verurteilt *(verurteilen)* **f)** betrügt *(betrügen)*

Ü 233 **a)** Dieb **b)** Zeugin **c)** Verbrecher **d)** Rechtsanwältin/Verteidigerin **e)** Richter

Ü 234 **a)** zartes **b)** hohes **c)** weiten **d)** schwierige **e)** dicken

Ü 235

a	b	c	d	e
B	E	A	D	C

Ü 236 **a)** Mörder **b)** Häftling **c)** Einbrecher **d)** Betrüger **e)** Kommissar

Ü 237 **a)** Motiv **b)** Staatsanwalt **c)** Jurist (Staatsanwalt) **d)** Täter **e)** Beute **f)** Vernehmung **g)** Aussage

Ü 238 **a)** fliehen **b)** verstoßen **c)** schwören

Ü 239 Anzeige … Klage … Verhandlung … Urteil … Berufung

Ü 240 **a)** Zuschauer **b)** Künstler **c)** Rolle **d)** Bühne **e)** Text **f)** Museum **g)** Kino **h)** Instrument **i)** Kapitel **j)** Eintritt **k)** Titel

Ü 241 **a)** Regisseur **b)** Motiv **c)** Leser **d)** Akt **e)** Pinsel **f)** Schriftsteller **g)** Szene **h)** Komödie **i)** Galerie

Ü 242

a	b	c	d	e
C	E	B	A	D

Ü 243 **a)** Beifall **b)** Melodie **c)** Orchester (Konzert) **d)** Oper **e)** Konzert

Ü 244 **a)** singt **b)** sieht **c)** macht eine **d)** weiß jede **e)** besucht ein **f)** singt ein

Ü 245 **a)** Sänger **b)** Geige **c)** Plattenspieler **d)** Kapelle

Ü 246 **a)** Komponist **b)** Chor **c)** Schlager **d)** Kapelle

Ü 247 **a)** Buch, Illustrierte, Zeitung, Presse **b)** Fernsehen, Rundfunk, Film, Radio, Sendung

Ü 248 **a)** Nachrichten **b)** Fernseher/Fernsehapparat **c)** Sprecher(in) **d)** Programm **e)** Verlag

Ü 249 **a)** Übertragung **b)** Hörer **c)** Empfang **d)** Veröffentlichung **e)** Störung **f)** Zeitschrift

Ü 250 **a)** ein Tonbandgerät **b)** den Wetterbericht **c)** eine Redaktion **d)** eine Störung **e)** einen Hörer

Ü 251

a	b	c	d	e	f
C	D	F	A	B	E

Ü 252 **a)** einen Namen **b)** Sport **c)** ein Spiel **d)** sich von einem Foto

Ü 253 **a)** Bild **b)** Freizeit **c)** Foto **d)** Spiel **e)** Vergnügen

Ü 254 **a)** Arbeit **b)** Bummel **c)** Tanz **d)** Dia

Ü 255 **a)** ins Bett **b)** im Wald **c)** in der Wohnung **d)** Lederstiefel **e)** im Garten **f)** sich mit der Zeit

Ü 256 **a)** Kabine **b)** Ball **c)** Mannschaft **d)** Sport **e)** Stadion **f)** Tor **g)** Training

Ü 257 **a)** Golf spielen **b)** segeln **c)** turnen **d)** reiten **e)** schießen **f)** Tennis spielen **g)** tauchen **h)** Ski laufen **i)** radfahren **j)** rudern

Ü 258

a	b	c	d	e	f	g
D	E	F	B	G	A	C

Ü 259 **a)** Grenze **b)** Ausländer **c)** Öffentlichkeit **d)** Wahl **e)** Staaten **f)** Demokratie **g)** Heimat

Ü 260 **a)** Verhandlung **b)** Macht **c)** Wahl **d)** Land **e)** Freiheit

Ü 261 **a)** ausländisch **b)** freiheitlich **c)** staatlich **d)** demokratisch **e)** politisch **f)** gesetzlich

Ü 262 **a)** Finanzminister(in) **b)** Außenminister(in) **c)** Innenminister(in) **d)** Abgeordnete(r) **e)** Kaiser(in)/König(in) **f)** Spion(in)

Ü 263 a) Koalition b) Propaganda c) Unruhen … Demonstrationen
d) Gleichberechtigung e) Mehrheit f) Reform g) Rücktritt
h) Opposition i) Abkommen j) Nachfolgers k) Stellvertreter

Ü 264 a) Wahrheit b) Kommunismus c) Unterdrückung d) König-
reich e) Opposition f) Innenpolitik

Ü 265 a) bürgerlich b) inländisch c) diplomatisch d) kommunistisch
e) kapitalistisch f) national (nationalistisch) g) sozialistisch
h) unabhängig i) königlich

Ü 266

a	b	c	d
B	D	A	C

Ü 267 a) Armee b) Feind c) Frieden d) Widerstand e) Bedrohung
f) Sieger

Ü 268

a	b	c	d
B	C	D	A

Ü 269 a) Bombe b) Waffen c) Soldat d) Zerstörung

Ü 270 a) Großmacht b) Niederlage c) Abrüstung d) Flüchtling
e) Held f) Verbündeter

Ü 271 a) Alarm b) Atombombe c) Bundeswehr d) Großmächte
e) Held(in) f) Kugel g) Verbündete h) Niederlage

Ü 272 a) einen Alarm b) eine Armee c) die Flucht d) ein Kommando
e) vor dem Frieden f) in die Flucht

Ü 273 a) lange b) harten c) ordentliches d) breites

Ü 274 a) Gott b) Weihnachten c) Seele d) Christ e) Bibel f) Gottes-
dienst

Ü 275 a) Bischof b) Teufel c) Hölle d) Himmel e) Papst f) Ostern
g) Islam h) heiliger Geist

Ü 276 a) Ferien b) Klasse c) Pause d) Ausbildung e) Studium
f) Studenten g) Thema

Ü 277 a) Aufmerksamkeit b) Kurs c) Schule d) Text e) Übung

Ü 278 a) Heft, Papier, Füller, Kugelschreiber b) Institut, Professor,
Semester, Student, Universität, Hochschule c) Gymnasium,
Schüler, Klasse, Hausaufgabe

Ü 279 a) Prüfung b) Test c) Fehler d) Lösungen e) Note f) Zeugnisse

Ü 280

a	b	c	d
C	A	B	D

Ü 281 a) Hochhaus, Kirche, Bauernhof, Schule, Sporthalle b) Ge-
meinde, Straße, Platz, Dorf, Ort, Siedlung, Stadt

Ü 282 a) Dorf b) Stadt c) Halle d) Siedlung e) Platz f) Straße

Ü 283 a) Bauernhof b) Stall c) Rathaus d) Großstadt

Ü 284 a) Ruine b) Brunnen c) Mühle d) Turm e) Schloß f) Denkmal

Ü 285 a) Allee b) Grundstück c) Vorort d) Zoo e) Umgebung
f) Berghütte

Ü 286 A) See B) Insel C) Felsen D) Feld E) Landstraße F) Weg
G) Fluß H) Gebirge I) Hügel J) Wald K) Ufer L) Wiese M) Berg
N) Brücke

Ü 287 a) Aussicht b) Nordseeküste c) Park d) Land e) Gegend
f) Sportgelände g) Tal

Ü 288 **Wasser:** Kanal, Bach, See, Strom, Teich   **kein Wasser:**
Sand, Wüste, Burg, Erdboden, Klippe

Ü 289 a) Horizont b) Wüste c) Strömung d) Abhang e) Pfad
f) Klippen

Ü 290 A) Norden B) Osten C) Süden D) Westen

Ü 291 a) östlicher *(östlich)* b) westlich c) nördlichen *(nördlich)*
d) südliche *(südlich)*

Ü 292 a) Erde b) Land c) Wasser d) Temperatur e) Stein f) Luft
g) Licht h) Himmel i) Meer j) Sonne

Ü 293 a) Gipfel b) Mond c) Ozean d) Schatten e) Rauch f) Straßen-
karte

Ü 294 a) Planet b) Nordpol c) Kontinent d) Schlamm e) Weltall
f) Festland g) Strand h) Ebbe und Flut

Ü 295 (B) der Hund (D) das Kalb (I) die Kuh (A) die Katze (E) das
Pferd (F) das Schwein (G) der Vogel (C) das Insekt
(H) der Fisch

Ü 296 a) Ochse, Ziege b) Wurm, Fliege c) Kaninchen, Lamm
d) Schlange, Fisch e) Elefant, Wolf

Ü 297

a	b	c	d	e	f
C	A	E	F	D	B

Ü 298 (M) Affe (K) Kaninchen (H) Schlange (P) Biene (R) Lamm
(G) Schmetterling (O) Elefant (I) Löwe (L) Ente (E) Maus
(F) Taube (N) Gans (A) Wolf (J) Hahn (C) Wurm (Q) Henne
(B) Schaf (D) Ziege

Ü 299 a) Blume b) Baum c) Gras d) Wurzeln e) Ernte f) Getreide

Ü 300 a) Tomate b) Traube c) Strauß d) Stamm e) Samen

Ü 301 a) heiß b) warm c) kühl d) kalt

Ü 302 a) Wind b) Frost c) Hitze d) Tropfen e) Schnee f) Klima
g) Wolke h) Kälte i) Sturm j) Nebel

Ü 303 a) Blitz und Donner b) Eis c) Schauer d) Sonnenschein
e) Katastrophe

Ü 304 a) -maschine b) -apparat c) -motor d) -automat

Ü 305 a) Lärm b) Glas c) Technik d) Holz

Ü 306 a) dicht b) automatisch c) elektrisches *(elektrisch)* d) techni-
schen *(technisch)*

Ü 307 a) Brett b) Elektrizität c) Gebrauchsanweisung d) Konstruk-
tion e) Rost f) Dichtung g) Verfahren

Ü 308 a) Atomenergie b) Lautsprecher c) Modell d) Spannung
e) Kapazität

Ü 309

a	b	c	d	e	f	g
D	F	E	A	G	C	B

Ü 310 a) fein b) flüssig c) alt d) trocken e) kalt f) leicht g) weich

Ü 311 a) stabil b) reinem c) lose d) locker

Ü 312 a) **Busreise** b) Abreise (Abfahrt) c) Ankunft d) Aufenthalt
e) Übernachtung f) Hotel g) Abfahrt h) Ankunft i) Rasthaus

j) Verpflegung **k)** Ausland **l)** Paß **m)** Passagier **n)** Koffer **o)** Gepäck **p)** Ticket **q)** Platzkarte **r)** Stadtplan

Ü 313   **a)** verpassen **b)** packen **c)** verreisen **d)** übernachten **e)** ankommen

Ü 314   **a)** Reisebüro **b)** Campingplatz **c)** Visum **d)** Zimmervermittlung **e)** Station **f)** Rückfahrkarte

Ü 315   **a)** Abflug **b)** Einreise **c)** Besichtigung **d)** Führer **e)** Heimfahrt **f)** Rückkehr **g)** Saison

Ü 316   **a)** reservieren **b)** buchen **c)** auspacken **d)** umsteigen **e)** verzollen **f)** erreichen

Ü 317   **a)** Verkehrsschild **b)** Kreuzung **c)** Kurve **d)** Ampel

Ü 318   Autofahrrad, Autofußgänger

Ü 319   **a)** Ausfahrt **b)** Fahrrad **c)** Fußgänger **d)** Geschwindigkeit **e)** Taxi **f)** Umleitung

Ü 320   **a)** geradeaus **b)** einen Unfall **c)** den Fußgänger **d)** am Lenkrad **e)** leicht

Ü 321

a	b	c	d	e	f
D	A	E	F	B	C

Ü 322

a	b	c	d	e
C	D	A	E	B

Ü 323   **a)** Motorrad **b)** Auto/Wagen **c)** Traktor **d)** Lastwagen/LKW **e)** Moped **f)** Bus

Ü 324   **a)** Tankstelle **b)** Reparatur **c)** Panne **d)** Parkplatz

Ü 325   **a)** Anhänger **b)** Scheinwerfer **c)** Kofferraum **d)** Rücklicht

Ü 326   **a)** Traktor **b)** Moped **c)** Parkuhr **d)** Bremse **e)** Führerschein **f)** Werkstatt **g)** Baujahr

Ü 327   **a)** fliegen **b)** Bahnhof **c)** Abfahrt **d)** Pilot **e)** Untergrundbahn **f)** Hafen **g)** starten **h)** landen

Ü 328   a) auslaufen, Seereise, Wrack, untergehen, Matrose, versinken, anlegen **b)** landen, abfliegen, Flugreise, Flugbesatzung, abstürzen

Ü 329   **a)** Irland **b)** Großbritannien **c)** Norwegen **d)** Finnland **e)** Schweden **f)** Dänemark **g)** Niederlande **h)** Belgien **i)** Frankreich **j)** Portugal **k)** Spanien **l)** Deutschland **m)** Polen **n)** Schweiz **o)** Österreich **p)** Ungarn **q)** Italien **r)** Jugoslawien **s)** Griechenland **t)** Türkei **(u)** Sowjetunion

Ü 330   **a)** Afrika **b)** Amerika **c)** Asien **d)** Australien **e)** Europa

Ü 331   **a)** Amerikaner(in) ... amerikanische ... amerikanisch (englisch) **b)** Österreicher(in) ... österreichische ... österreichisch (deutsch) **c)** Engländer(in) ... englische ... englisch **d)** Brite/Britin ... britische **e)** Deutscher/Deutsche ... deutsche ... deutsch **f)** Saudiaraber(in) ... arabisch **g)** Europäer ... europäische

Ü 332 **a)** Türkin … türkisch **b)** Chinesin … chinesisch **c)** Französin … französisch **d)** Griechin … griechisch **e)** Holländerin … holländisch **f)** Inderin … indisch **g)** Irin … irisch **h)** Italienerin … italienisch **i)** Japanerin … japanisch **j)** Polin … polnisch **k)** Russin … russisch **l)** Spanierin … spanisch

Ü 333 **a)** Frühjahr/Frühling **b)** Winter **c)** Sommer **d)** Herbst

Ü 334 **a)** Jahr **b)** Monat **c)** Woche **d)** Tag

Ü 335 **a)** halbjährlich **b)** das Vorjahr **c)** Wochenende **d)** (all) jährlich **e)** monatlich **f)** wöchentlich **g)** täglich

Ü 336 **b)** am zwanzigsten März **c)** am vierundzwanzigsten Dezember **d)** am dreißigsten Juni

Ü 337 **a)** Februar **b)** Oktober **c)** Dezember **d)** April **e)** Juli **f)** August **g)** Januar **h)** September

Ü 338 **(a)** Dienstag **(b)** Sonntag **(c)** Montag **(d)** Donnerstag **(e)** Mittwoch **(f)** Samstag **(g)** Freitag

Ü 339 Morgen, Vormittag, Mittag, Nachmittag, Abend, Mitternacht, Nacht

Ü 340 **a)** nachts **b)** morgens **c)** abends **d)** mittags

Ü 341 **a)** Sekunden **b)** Viertelstunde **c)** Minuten **d)** Stunden

Ü 342

a	b	c	d	e	f
C	E	A	F	D	B

Ü 343 **a)** Moment **b)** Ende **c)** welches Datum **d)** Anfang **e)** im vorigen Jahrhundert

Ü 344

a	b	c	d
C	D	A	B

Ü 345 **a)** Gegenwart **b)** Höhepunkt **c)** Zeitraum **d)** Mittelalter

Ü 346 **a)** Verspätung **b)** Verzögerung **c)** Weile **d)** Frist **e)** Jahresende

Ü 347 **a)** die Uhr **b)** der Parkplatz **c)** eine U-Bahn **d)** die Wohnung **e)** der Fußball

Ü 348 **a)** dauert … an *(andauern)* **b)** fortsetzen **c)** verkürze *(verkürzen)* **d)** verschieben

Ü 349 **a)** endgültig **b)** kurz **c)** nächst- **d)** pünktlich **e)** vorläufig **f)** rechtzeitig **g)** plötzlich **h)** regelmäßig **i)** gleichzeitig **j)** ständig **k)** häufig

Ü 350 **a)** langes *(lang)* **b)** früherer *(früher)* **c)** früh **d)** spät **e)** voriges *(vorig)* **f)** modern **g)** heutige *(heutig)*

Ü 351 **a)** kurzfristig **b)** bisherigen **c)** vorübergehend **d)** jahrelang **e)** künftig **f)** gegenwärtigen **g)** gelegentlich

Ü 352 **a)** damals, früher, neulich, gestern, vorgestern, vorbei, vor kurzem, vorhin **b)** morgen, später, übermorgen, bald **c)** soeben, heutzutage, heute, zur Zeit, jetzt, gerade

Ü 353 **1)** Zuerst (Zunächst, Erst) **2)** dann (danach) **3)** nun (dann, danach, jetzt) **4)** Inzwischen (Jetzt, Dann, Danch) **5)** Nun (Dann, Danach, Jetzt) **6)** Zugleich (Dann, Danach, Jetzt) **7)** Inzwischen (Dann, Danach, Nun, Jetzt) **8)** Danach (Dann) **9)** Nun (Jetzt, Dann, Danach) **10)** Zuletzt

Ü 354 **a)** nie **b)** früher **c)** kurz **d)** selten

Ü 355 **a)** sofort **b)** nie **c)** kaum **d)** schon **e)** mehrmals

Ü 356 **a)** längst **b)** bisher **c)** dauernd **d)** diesmal **e)** noch **f)** gleich **g)** jemals **h)** endlich

Ü 357 **a)** bald **b)** gegenwärtig **c)** immer **d)** manchmal **e)** bisher

Ü 358 **a)** neuerdings **b)** dazwischen **c)** daraufhin **d)** erstenmal

Ü 359 **a)** zwischen **b)** während **c)** bis **d)** nach **e)** seit

Ü 360 **a)** bevor, ehe **b)** wenn, sobald **c)** nachdem (sobald) **d)** solange **e)** wenn, sobald **f)** bevor, ehe

Ü 361 **A)** Abstand **(B)** Länge **(C)** Breite **(1) (D)** Höhe **(E)** Größe **(F)** Länge **(G)** Tiefe **(2) (H)** Entfernung

Ü 362 **a)** Stelle **b)** Spitze **c)** Mitte **d)** Ende **e)** Ziel **f)** Seite **g)** Ort

Ü 363 **a)** Lage **b)** Platz **c)** Rand **d)** Nähe **e)** Raum (Platz) **f)** Punkt

Ü 364 **a)** an der Vorderseite **b)** im Zentrum **c)** im Hintergrund **d)** an der Oberfläche **e)** auf der Außenseite

Ü 365 **a)** A **b)** F **c)** B **d)** D **e)** E **f)** C

Ü 366 **a)** F **b)** G **c)** A **d)** H **e)** G **f)** I **g)** B **h)** B **i)** I **j)** G **k)** A **l)** D, E

Ü 367 **a)** umgeben **b)** zentral **c)** aufrecht **d)** senkrecht

Ü 368 **a)** dahinter **b)** davor **c)** darunter **d)** darüber **e)** daneben **f)** daneben

Ü 369 **a)** herunter **b)** hinüber **c)** hinein **d)** hinauf **e)** hinaus **f)** herein **g)** heraus **h)** herum

Ü 370 **a)** A fährt aufwärts … B fährt abwärts **b)** A biegt links ab … C biegt rechts ab … B fährt geradeaus **c)** draußen … drinnen **d)** auseinander **e)** quer **f)** entlag **g)** darauf **h)** dazwischen **i)** rückwärts

Ü 371 **a)** irgendwo **b)** überall **c)** nirgendwo/nirgends

Ü 372 **a)** rückwärts **b)** vorn **c)** innen **d)** tief

Ü 373 **a)** hier **b)** bei **c)** Dahin **d)** daran **e)** darin **f)** daher **g)** daraus **h)** her

Ü 374 **a)** Wo **b)** Wohin **c)** Woher **d)** Worauf (Wohin)

Ü 375 **a)** dorthin **b)** drüben **c)** heran **d)** herunter

Ü 376 **a)** herab **b)** dahinter **c)** hindurch **d)** hinterher **e)** herauf

Ü 377 **a)** ① an ② auf ③ unter ④ zwischen **b)** ① innerhalb ② außerhalb **c)** ① nebenan ② gegenüber **d)** hinter **e)** oberhalb **f)** durch

Ü 378 **a)** aus **b)** Von … bis **c)** von **d)** vor **e)** um

Ü 379 **a)** Prozent **b)** die Hälfte **c)** ein Viertel **d)** ein Drittel **e)** Summe **f)** ein Dutzend **g)** Mehrheit **h)** Zahlen

Ü 380 **a)** Umfang **b)** Inhalt **c)** Stück **d)** Rest **e)** Gruppe **f)** Ziffer

Ü 381 **a)** gezählt *(zählen)* **b)** wiegt *(wiegen)* **c)** gemessen *(messen)* **d)** zugenommen *(zunehmen)* **e)** schätze *(schätzen)* **f)** enthält (enthalten)

Ü 382 **a)** einige **b)** fast alle **c)** nicht viel **d)** eine Menge **e)** zweifach

Ü 383 **(a)** halbvoll **(b)** viertel voll **(c)** ganz leer **(d)** fast voll **(e)** ganz voll **(f)** fast leer

Ü 384 **a)** Höhe **b)** Auswahl **c)** Paar **d)** Zunahme **e)** Betrag

Ü 385

a	b	c	d
C	D	A	B

Ü 386 a) mindestens b) ein bißchen c) kaum d) bloß e) genug f) etwa g) fast h) höchstens i) wenigstens

Ü 387

a	b	c	d
B	C	D	A

Ü 388 a) Pfund, Kilo(gramm), Tonne, Gramm b) Liter c) Kilometer, Meter, Zentimeter d) Hektar, Quadratmeter

Ü 389 a) Unterschied b) Gegenteil c) Gegensatz d) Reihe e) Reihenfolge f) Ordnung g) Regel h) Verhältnis i) eine freundschaftliche Beziehung j) System

Ü 390

	Jochen	Paul	Anna	Eva	Vater	Mutter
ißt gerne Nudeln	X	X	X	X		X
ißt gerne Gemüse	X			X	X	X
ißt gerne Fisch						X
ißt gerne Fleisch		X	X	X	X	X
ißt gerne Suppe	X		X		X	X
ißt gerne Obst	X	X	X		X	X
ißt gerne Kuchen	X	X	X	X	X	X

Ü 391 a) unterscheiden b) ordnen c) fehlen d) Gehören e) beziehen f) entsprechen

Ü 392 a) voneinander b) miteinander c) nebeneinander d) einander

Ü 393

a	b	c	d	e	f	g	h
E	C	G	A	H	D	B	F

Ü 394 a) überflüssig b) verschiedenartig c) erforderlich d) umgekehrt e) entgegengesetzten (entgegengesetzt)

Ü 395 a) Original b) Kombination c) Liste d) Serie e) Ausnahme f) Ersatz

Ü 396 a) Der letzte Abschnitt b) Bestandteil c) ein Schwerpunkt d) erster Klasse e) ihrem Element f) dieser Hinsicht

Ü 397 a) anstatt b) ausgenommen c) ausschließlich d) untereinander e) beispielsweise f) hinsichtlich

Ü398

a	b	c	d	e
D	C	E	A	B

Ü399 **a)** gern **b)** gewöhnlich **c)** grundsätzlich **d)** irgendwie **e)** so **f)** genau **g)** gleichmäßig

Ü400 **a)** typische *(typisch)* **b)** ausdrücklich **c)** gründlich **d)** unverändert **e)** hastig **f)** ausführliche *(ausführlich)*

Ü401 **a)** völlig **b)** Äußerst **c)** viel **d)** erheblich **e)** völlig **f)** dringend

Ü402 **b)** ② **c)** ③ **d)** ③ **e)** ① **f)** ② **g)** ① **h)** ③ **i)** ③ **j)** ② **h)** ①

Ü403 stark

Ü404 **a)** Kreis **b)** Kugel **c)** Linie **d)** Bogen **e)** Ecke **f)** Fläche

Ü405 **a)** scharf – stumpf **b)** schmal – rund **c)** spitz – stumpf **d)** gerade – schief **e)** flach – spitz **f)** niedrig – hoch **g)** steil – flach **h)** groß – klein

Ü406 **a)** Kante **b)** Knoten **c)** Quadrat **d)** Strich **e)** Tiefe **f)** Kreuz

Ü407 **a)** die Folge **b)** die Ursache **c)** seinen Zweck **d)** die Wirkung **e)** welchem Grund **f)** kein Ergebnis **g)** ein Zusammenhang **h)** der Bedingung

Ü408

a	b	c	d	e	f
D	C	E	A	F	B

Ü409 **a)** verdanken **b)** beruht *(beruhen)* **c)** bedingt *(bedingen)* **d)** ausgelöst *(auslösen)* **e)** vorkommen **f)** verursacht *(verursachen)* **g)** ergeben **h)** erlitten *(erleiden)* **i)** hängt … ab *(abhängen)*

Ü410 **a)** die Ausweitung **b)** Auswirkung **c)** Die Wirksamkeit **d)** den Ursprung **e)** Funktion **f)** die Konsequenzen

Ü411 **a)** abnehmen **b)** beenden **c)** zerstören **d)** zu sein **e)** schmelzen **f)** ändern

Ü412 **a)** Entwicklung **b)** Ablauf **c)** Zustand **d)** Wechsel

Ü413 **a)** ausgebreitet *(ausbreiten)* **b)** zerbrochen *(zerbrechen)* **c)** erweitert *(erweitern)* **d)** verlaufen **e)** steigen

Ü414 **a)** Verlauf **b)** Vorgang (Verlauf) **c)** Rückgang **d)** Phase **e)** Erweiterung **f)** Ausgangspunkt **g)** Gleichgewicht **h)** Anzeichen